KB238813

바라는 것이
없으면
괴로울 일이 없다

묘원

행복한 숲

서문

수행을 하면서 전에 보지 못한 새로운 눈이 생겼습니다.
막연하던 것들이 분명하게 보일 때마다 하나하나 확인한 것이
옹달샘입니다.
아직 미흡한 눈으로 본 것이지만 용기를 내어 적었습니다.
이 글은 스승님과 도반이 주신 눈으로 쓴 글입니다.
지혜를 주신 스승님과 도반들에게 이 책을 바칩니다.

묘원 올림

믿음이 없으면
수행을 할 수 없다.

믿음만 있고 지혜가 없으면 맹목적 신앙에 빠진다.
지혜가 없으면 수행을 할 수가 없다.
지혜만 있고 믿음이 없으면 간교해진다.
믿음과 지혜가 균형을 이루어야
바른 마음가짐을 가지고 수행을 할 수 있다.

❶

인간으로 태어났으면 무엇을 목표로 살아야 하는지 뜻을 세우고, 어떻게 살아야 하는지를 숙고해야 한다. 오늘 하루도 필요한 일을 선택하고, 그 일을 하는 것을 잊지 않고, 그 일을 하기 위해서 노력을 해야 한다. 가장 인간답게 사는 것은 아무것도 바라지 않는 마음으로 하고 있는 일을 알아차리는 것이다. 이것이 수행이다. 살면서 불필요한 일에 자신의 힘을 사용하지 말아야 한다. 자신과 무관한 일은 단지 호기심일 뿐이다. 모든 강물을 전부 짜게 할 수는 없다. 하지만 한 잔의 물은 짜게 할 수는 있다. 모든 사람을 전부 구제할 수는 없다. 우선 자신의 문제부터 해결하는 것이 자신은 돕고 남을 돕는 것이다.

2

내가 잘나서 자기 힘으로 사는 것 같지만 사실은 모두 남의 덕으로 산다. 내가 있어서 사는 것 같지만 과보의 굴레가 굴러가서 산다. 사람들의 은혜를 알아 감사하게 여기고, 내가 아니라고 아는 것이 바른 삶이다.

3

아침에 잠을 깨면, 누운 채로 잠을 깬 마음을 알아차리십시오. 어떤 마음이건 상관하지 말고, 잠시 조용히 지켜보십시오. 이미 걱정이 시작되었어도 있는 그대로 지켜보십시오. 일어난 마음을 알아차리면 고요한 마음으로 하루를 시작합니다. 그런 뒤에 일어나고 꺼지는 아랫배의 움직임을 지켜보십시오. 알아차리지 못하면 기억이 지배하는 관념으로 살지만, 몸과 마음을 대상으로 알아차리면 선이 지배하는 행복한 삶을 삽니다.

상대가 말없이 떠났어도 미워하지 마십시오. 싫어서 떠났다면 차라리 잘된 일입니다. 삶은 만나고 헤어지는 것입니다. 좋아하는 사람도 만나지 못하고 사는데, 하물며 싫어하는 사람과 만날 필요는 없습니다. 어차피 가야 할 사람이라면 빨리 간 것이 다행입니다. 좋은 사람과 만나기도 어려운 일이지만, 안 좋은 사람과 헤어지기는 더욱 어렵습니다. 그러니 질긴 인연을 정리하십시오. 괴로운 사람과 만남을 지속하는 것도 불선업의 과보를 받는 것입니다. 어쩌면 헤어진 것이 선업일지 모릅니다. 만남과 헤어짐을 집착하지 마십시오. 인연을 집착하는 것은 어리석은 일입니다. 만남과 헤어짐을 그대로 두고 보는 것이 지혜입니다.

❺

땅 위에 비가 내려도, 구름 위에는 햇빛이 있다.

❻

어리석은 사람은 감각적 쾌락과 극단적 고행에서 즐거움을 구한다. 지혜가 있는 사람은 두 가지 극단이 아닌 중도에서 즐거움을 구한다. 감각적 쾌락과 극단적 고행은 행복이 아니고 불행이다. 두 가지 극단이 아닌 중도가 진정한 행복이다

❼

좋아하는 것을 집착하면 싫어하는 것도 똑같이 집착한다.

⑧

떠난 사람을 못 잊어서 슬퍼하는 것은 떠난 것을 슬퍼하는 것이 아니다. 떠난 것을 생각하는 마음이 슬퍼하는 것이다. 떠난 것과 떠난 것으로 인해 슬픈 마음은 다르다. 만나면 언젠가는 떠나야 한다는 것을 알지만 자신의 감정을 집착해서 떠난 것을 구실로 슬퍼한다. 보내지 않으려는 것은 자신의 욕망을 집착하는 것이다. 알면서도 집착하는 것은 살아온 습관 때문이며, 이러한 습관은 과보로 생긴 것이고 어리석음이다. 사람들은 어리석기 때문에 슬퍼하는 것을 좋아한다. 어리석음에서 벗어나려면 위빠사나 수행을 해서 사물을 냉철하게 보는 지혜가 나야 한다. 좋아서 슬퍼하고 있다는 것을 아는 것이 지혜다.

9

젊음이란 욕망을 키우며 사는 것이고, 연륜이란 욕망을 빼
며 사는 것이다.

10

모든 것은 과정이다. 즐거움도 한 때고, 괴로움도 한 때다.
모든 것이 한 때인 것을 무상이라고 한다.

11

탐욕은 유명해지기 위해 노력하고, 관용은 진실해지기 위
해 노력한다. 유명의 끝은 고통이고, 진실의 끝은 자유다.

믿음이 없으면 수행을 할 수 없다. 믿음만 있고 지혜가 없으면 맹목적 신앙에 빠진다. 지혜가 없으면 수행을 할 수가 없다. 지혜만 있고 믿음이 없으면 간교해진다. 믿음과 지혜가 균형을 이루어야 바른 마음가짐을 가지고 수행을 할 수 있다. 믿음과 지혜가 균형을 이루기 위해서는, 노력과 알아차림과 집중이 조화를 이루어야 한다. 위빠사나 수행은 알아차림 하나만 있으면 되지만, 바른 알아차림을 하려면 조건이 성숙되어야 한다. 수행을 할 때는 앞에서 믿음과 지혜가 이끌고, 노력과 알아차림과 집중이 적절해야 한다. 이와 같은 것을 스스로 실천할 수 없기 때문에 위빠사나 수행은 반드시 스승의 도움을 받아야 한다.

13

장애를 없애려고 하면 장애로 남는다. 그러나 장애를 알아
차리면 이미 장애가 아니고 지혜다.

14

억눌러서 해결하는 방법이 있고, 알아차려서 해결하는 방
법이 있고, 지혜로 해결하는 방법이 있다. 억누르는 것은
일시적인 효과가 있으며, 알아차리면 대상과 분리되는 효
과가 있고. 지혜가 나면 근본적으로 해결된다.

15

수행은 자신이 경험하지 않은 정신세계를 계발하는 것이다.
누구나 수행을 말하지만 단지 자기의 견해를 말한다. 누구
나 수행을 하지만 단지 자기식의 수행을 한다. 자기 수준으
로 하는 것은 결코 안전한 것이 아니다. 완전한 스승이신
붓다의 가르침을 따를 때만이 가장 확실하다.

⓰

이론을 추구하는 사람은 논리적인 것을 최고로 안다. 진리는 이론으로 알 수 없고 통찰해서 생긴 지혜가 나야 안다. 그러기 위해서는 수행을 해야 하며 논리적으로 증명하기보다 대상을 있는 그대로 주시해야 한다. 논리에 빠지면 알아차림을 놓치며 직관력이 생기기 않는다. 위빠사나 수행의 지혜는 언어의 그물 건너편에 있다. 수행자는 논리를 배격할 것도, 논리적이어야 할 것도 없다. 단지 대상을 알아차리고, 알아차림을 지속하면 된다. 지혜가 나면 저절로 논리가 생기지만, 논리를 앞세우면 지혜가 나지 않는다.

17

답을 몰라서 실천하지 못하는 사람이 있고, 답을 알아도 실천하지 못하는 사람이 있고, 답을 알아서 실천하는 사람이 있다. 수행을 말해도 받아들이지 않는 사람이 있고, 수행이 좋은지 알아도 실천하지 않는 사람이 있고, 수행이 좋은지 알아서 실천하는 사람이 있다. 수행은 아는 자의 것이며, 받아들이는 자의 것이고, 실천하는 자의 것이다. 그래서 진리의 세계에서는 법을 청하지 않으면 말하지 않는다. 진리가 있어도 원하지 않는 자에게는 이미 진리가 아니다.

18

위빠사나 수행을 하면 팔정도의 정견과 정사유라는 위빠사나의 지혜가 난다. 위빠사나의 지혜가 나면 도과를 얻어 열반을 성취한다. 열반은 출세간의 지혜지만 세간의 지혜까지도 관통한다. 세간의 지혜를 바탕으로 출세간의 지혜가 나기 때문에 출세간만 알고 세간을 모른다면 출세간이라고 말할 수 없다. 그러므로 위빠사나의 지혜는 세간과 출세간을 아우르는 지혜라서 모든 번뇌로부터 자유롭다.

19

진보적인 견해를 가진 사람이 어느 날 보수적인 견해로 바
뀌거나, 보수적인 견해를 가진 사람이 어느 날 진보적인 견
해로 바뀐다. 그래서 배신자로 불리거나, 또는 박수를 받기
도 한다. 마음은 조건에 의해 변하기 때문에 항상 같은 마
음이 아니다. 그러나 가장 바람직한 변화는 보수나 진보가
아닌 중도다. 이것은 옳고 저것은 그르다는 양극단의 견해
는 바른 견해가 아니다. 이것도 원인이 있어서 생긴 결과고,
저것도 원인이 있어서 생긴 결과다. 모두 원인이 있어서 생
긴 결과로 보아야 중도를 실천하는 바른 견해다.

❷⓿

물질에 치우치면 계율을 어겨 비도덕적이며, 정신에 치우
치면 이상에 빠져 환상적이다. 정신과 물질의 균형을 이루
는 것이 팔정도 위빠사나 수행이다.

❷❶

수행하기에 좋은 장소가 따로 있는 것이 아니다. 수행자가
머무는 장소는 자신의 몸과 마음이다. 고요한 곳에서도 망
상을 하며, 혼란한 곳에서도 집중을 한다. 어떤 장소는 기
운이 좋다거나, 기운이 나쁘다는 것은 관념이다. 마음이 밖
으로 나가 영향을 받으면 알아차릴 장소를 벗어난 것이다.

❷❷

갈 길을 아는 성자는 그 길이 힘들더라도 참고 견디며, 내
가 없다고 알기 때문에 어떤 굴욕에도 포기하지 않는다. 갈
길을 모르는 범부는 힘든 것을 견디지 못하며, 내가 있다고
알기 때문에 사소한 굴욕에도 포기한다.

㉓

원인과 결과가 뜻하는 것은 모든 것이 조건에 의해 일어났으니 필연이라는 것 하나만을 말하지 않는다. 원인이 있어서 결과가 생겼다면, 과거를 후회해도 소용이 없으니 있는 그대로 받아들여야 하며, 새로운 원인을 만들어서 좋은 결과를 만들라는 것이다. 원인이 있기 때문에 결과가 있는 것만 알지 말고, 원인이 없으면 결과가 없는 것도 알아야 한다. 조건에 의해 일어난 것은, 조건이 없으면 일어나지 않는다. 어리석은 행위로 인해 괴롭다면, 어리석지 않을 때는 괴롭지 않다.

㉔

잘못은 상대에게만 있지 않다. 상대의 잘못을 받아들이지 못한 나에게도 있다.

25

괴로움의 원인을 밖에서 찾지 마라. 괴로움은 자신의 마음이 만든 것이다. 괴로움을 해결하는 방법을 밖에서 찾지 마라. 괴로움을 일으킨 자신의 마음에 답이 있다. 자신에게 맞는 것만 골라서 살기 때문에 괴롭다. 자신이 변하지 않으면 괴로움은 해결할 수 없다.

26

고통을 알아차려서 갈애가 소멸되면, 두 가지가 동시에 사라지는 열반에 이른다. 이것이 수행자의 이익이다. 고통을 없애려고 하면 갈애가 일어나, 두 가지가 더 커지는 윤회를 계속한다. 이것이 범부의 손실이다.

느낌은 연기며 아는 것은 모두 느낌이다. 느낌은 감각기관이 대상에 부딪칠 때마다 일어난다. 느낌이 일어날 때는 단지 느낌으로 알아차려야 한다. 즐거운 느낌이 일어날 때는 즐거운 느낌으로 알아차리고, 괴로운 느낌이 일어날 때는 괴로운 느낌으로 알아차려야 한다. 즐거운 느낌에 취하면 욕망에 빠지며, 괴로운 느낌에 취하면 비탄에 빠진다. 느낌은 원인이 있어서 생긴 결과며, 일어난 순간에 사라져 영원하지 않다.

높은 지위에 오르고, 훌륭한 학문적 업적을 이루고, 노력해
서 재물을 얻는 것이 나쁜 것은 아니다. 그러나 얻는 과정
이 바르지 못하면 좋은 일이라고 할 수 없으며, 얻고 나서
바르게 사용하지 못하면 얻지 않은 것만 못하다. 지위와 학
문과 재물이 있어도 마음가짐이 바르지 못하면 가진 것이
아니다.

29

나를 위해 울지 마라. 내가 겪고 있는 것은 받아야 할 것을
받은 것이다. 나는 받아야 할 것을 받고 가야할 길을 간다.
나를 향한 당신의 감정을 거두어라. 나는 단지 당신이 지켜
본 대상이다. 지금 울고 있는 것은 내가 아니고 당신의 마
음이다.

㉚

수행은 토론을 하지 않고 오직 가르침만 있다. 논리에는 항상 반대 논리가 있어 다툼의 요소가 있다. 논리를 논리로 풀어서는 답을 얻을 수 없고 말만 있다. 논리는 지혜로 통찰해야만 그 수준만큼의 답을 얻는다. 지혜가 있어야 알 수 있는 것은 생각으로는 알 수 없다. 생각으로 의문을 풀었다 해도 단지 생각일 뿐이다. 진리는 있지만 감추어져 있어서 통찰지혜가 없으면 알 수가 없다.

사람을 보지 말고
사람의 마음을 보아야 한다.

사람이 움직이고 사람이 말하는 것이 아니다.
마음이 움직이려는 의도를 내서 몸이 움직이고,
마음이 말을 하려는 의도를 내서 말을 한다.

위빠사나 수행자는 세 가지를 실천해야 한다. 첫째, 몸과 마음을 알아차려서 계율을 지킨다. 몸과 마음을 알아차리는 순간에는 번뇌가 일어나지 않아 청정하다. 이것이 계율을 지키는 것이다. 둘째, 알아차림을 지속시켜 집중력을 키운다. 집중이 되면 마음이 고요해져 사물의 특성을 아는 힘이 생긴다. 셋째, 고요한 마음이 되면 자연스럽게 지혜가 난다. 바른 지혜란 몸과 마음이 괴로움이라고 아는 것이다. 수행자가 해야 할 역할은 여기까지이다. 괴로움을 없애려고 하면 더 괴로워진다. 단지 괴로움이 있는 것을 아는 것으로 그쳐야 한다. 괴로움이 있는 것을 아는 지혜가 나면 갈애가 사라져 괴로움이 스스로 소멸한다.

선한 일을 할 때 자신을 위해서 하지 마라. 단지 할일이라서 하라. 자신을 위해서 하면 탐욕이 생겨 결과가 나쁘다. 자신을 의식하면 일하는 과정이 나빠져서 결과가 좋지 않다. 모든 번뇌의 원인은 자아에 있다. 무지해서 내가 있다고 생각하고, 나를 의식하면 욕망이 생기며, 욕망의 결과는 괴로움이다.

세간은 불신의 사회이고, 출세간은 믿음의 사회다. 불신의 세계에는 문서가 있고, 믿음의 세계에는 문서가 없다. 문서가 확실한 것 같지만 믿음이 더 견고하다. 문서는 휴지가 될 수 있지만 믿음은 꺼지지 않는 불이다. 출세간의 믿음이 사라지면 인간적인 신뢰도 사라진다.

바라는 마음 때문에 괴롭다. 인간의 욕망은 만족이 없다. 이러한 불만족이 괴로움이다. 갖지 못해 괴롭고, 가져도 괴롭다. 불만족을 알아차리면 약이 되지만 알아차리지 못하면 독이 된다. 괴로움을 알아차리면 욕망이 사라진다. 욕망이 사라지면 괴로움도 사라진다. 괴로움이 사라지면 무명이 사라진다. 이렇게 알아차리는 것 외에 아무것도 바라지 말아야 한다. 이것이 바른 수행이다.

과거에 몰라서 한 행위로 현재의 결과가 생겼고, 현재 바라서 한 행위로 미래의 결과가 생긴다.

누구도 완전할 수 없습니다. 다만 완전을 향해서 갈 뿐입니다. 상대가 완전하기를 바라지 마십시오. 완전하기를 바라는 것이 욕망입니다. 그에게도 자신의 입장이 있으며, 자신도 불완전하기는 마찬가지입니다. 무엇이나 절대를 추구하지 마십시오. 좋게 보면 그만한 사람도 없습니다. 상대로 인해 불편해진 것은 오직 자신이 일으킨 괴로움입니다.

어리석으면 검은 것을 희다고 한다. 그래서 좋은 것을 나쁘다고 하고, 나쁜 것을 좋다고 한다. 그러나 이를 비난하면 같은 사람이 된다. 몰라서 그러니 연민으로 지켜봐야 한다. 이렇게 지켜보는 것이 아는 것이다. 누구나 자기 말을 하면서 산다. 나도 예외가 아니다. 그러니 누구를 탓하겠는가?

38

마음이 모든 것을 이끈다. 마음이 있어서 몸이 있고, 느낌이 있고, 기억을 하고, 행위를 한다. 하지만 마음은 이것들의 영향을 받아서 매순간 변한다. 마음은 몸의 상태에 따라 변하며, 느낌에 따라 변하며, 기억에 따라 변하며, 행위에 따라 변한다. 마음이 모든 것을 이끈다고 하여 마음이 주인은 아니다. 마음이 모든 것을 이끌지만 나의 마음이 아니고 오직 조건에 의해 변하는 마음일 뿐이다. 그래서 항상 하지 않는 마음이고 이것을 무아라고 한다. 한순간의 느낌이 한순간의 마음을 변화시킨다. 때로는 마음이 마음에 영향을 주며, 마음이 몸에 영향을 주기도 한다. 이런 관계가 정신과 물질의 실재이다.

39

떠나서 슬픈 사람이나, 떠나서 시원한 사람이나, 모두 알아
차릴 대상이다. 좋아하고 미워하면 인연이 끊어지지 않아
괴로움의 원인이 된다.

40

내가 최고라는 생각을 가지고, 내 방식대로만 살면 안 된다.
세상이 있어 내가 있고, 내가 있어 세상이 있다. 세상과 내
가 조화를 이루어, 나와 남이 함께 살아야 한다.

탐욕과 성냄과 어리석음이 있다고 괴로워하지 마라. 수행은 이런 것이 있는 것을 알아차리는 것이다. 욕망이 일어날 때 욕망이 일어난 것을 알아차리고, 화를 낼 때 화를 낸 것을 알아차리고, 어리석을 때 어리석은 것을 알아차려야 한다. 번뇌가 많으면 몸과 마음이 긴장하고 무거워진다. 번뇌를 알아차려서 몸과 마음을 가볍게 해야 한다. 몸과 마음이 가벼워야 질병이 생기지 않고 무지의 속박으로부터 벗어나 해탈의 자유를 얻는다.

이 세상이 별 볼일 없는 세상일 때는 별 볼일 없는 사람들의
목소리가 크다. 이 세상이 괴로운 것은 하찮은 사람들이 큰
소리로 합창을 하기 때문이다. 이 세상이 살만한 세상일 때
는 지혜가 있는 자의 목소리가 있다. 이 세상이 즐거운 것
은 선한 사람들이 조용히 진실을 말하기 때문이다.

법을 모르는 사람에게 법을 모른다고 비난하면, 비난하는
사람이 법을 모르는 사람이다.

나한테 잘해준 사람은 희망을 주어서 감사하고, 나한테 잘
못해준 사람은 지혜가 나게 하여 감사하다.

지혜가 없으면 괴로운 사람을 만나 평생을 고생하며 산다. 지혜가 있으면 좋은 사람을 만나 평생을 행복하게 산다. 지혜는 사물을 보는 힘으로 선업의 공덕이 있어야 생긴다. 불선업으로 인해 공덕이 없으면 지혜가 없고 무지만 있다. 배우자를 만나는 것은 자신이 한 행위에 대한 과보다. 어떤 배우자를 만나거나 모두 자신이 선택한 것이다. 자신의 의지와 상관없이 만났다면 과거의 업으로 인해 선택된 것이다. 좋지 못한 배우자를 만났을 때는 불선업의 과보를 받아들이는 것이 새로운 선업을 만드는 것이다. 좋은 배우자를 만났을 때는 더 열심히 선업을 행해서 지금보다 나은 삶을 살아야 한다.

사람을 보지 말고 사람의 마음을 보아야 한다. 사람이 움직이고 사람이 말하는 것이 아니다. 마음이 움직이려는 의도를 내서 몸이 움직이고, 마음이 말을 하려는 의도를 내서 말을 한다. 사람의 모양이 일하지 않고 마음이 일을 하므로, 사람을 움직이는 마음을 보아야 실재를 본다. 사람의 모양을 보면 좋아하거나 싫어하지만, 마음을 보면 차별 없이 그냥 사람일 뿐이다.

상대에 대한 호칭은 자신의 인격이다. 상대에게 반말을 하면 그대로가 자신의 인격이 된다. 상대를 높여서 부르면 그대로가 자신의 인격이다. 자신의 말은 자신의 것이다.

주는 사람이나 받는 사람이 좋은 마음으로 주고받으면 선업이다. 주는 사람이 바라는 마음 없이 주면 탐욕이 없어 선업의 과보가 커지며, 받는 사람이 감사하게 받고 유용하게 쓰면 준 사람에게 공덕을 돌릴 수 있다. 주는 사람이나 받는 사람이 좋지 않은 마음으로 주고받으면 불선업이다. 주는 사람이 바라는 마음으로 주거나 받는 사람이 탐욕으로 받지 말아야 한다. 바라는 마음으로 주면 탐욕으로 주는 것이라서 공덕이 줄어들며, 탐욕스럽게 받으면 감사하게 여기지 않아 주는 사람에게 공덕을 돌릴 수 없다. 좋은 일이라도 불선심으로 하면 불선과보가 생겨 괴로움이 따른다.

㊾

남이 나 때문에 화를 내지만 근본원인은 다른 데 있다. 남이 화를 내는 것은 무명과 갈애가 근본원인이다. 나는 단지 가까운 원인의 하나일 뿐이다. 내가 상대 때문에 화를 내지만 근본원인은 다른 데 있다. 내가 화를 내는 것은 나의 무명과 갈애가 근본원인이다. 상대는 단지 가까운 원인의 하나일 뿐이다.

㊿

중도中道는 계정혜를 지켜 바르게 사는 것이다. 알아차림이 있는 마음으로 길을 걸어가는 것이 중도다. 생각에 그치고 실천하지 않으면 중도가 아니다.

⑤1

당신은 바라는 것이 있어서 왔지만, 저는 알아차리는 것밖에 말하지 못합니다. 알아차리고, 알아차림을 지속하는 것이 단 하나의 길이기 때문입니다. 그러나 당신은 좋아지기를 바라고, 계속해서 고통을 없애려고만 합니다. 방법이 나쁘면 실마리를 풀지 못합니다. 그래서 화를 내고 결국은 포기합니다. 알아차리는 것 밖에 없다는 것을 알기에는 당신의 문제가 너무 화급한 것도 사실입니다. 하지만 문제를 해결하기 위해서는 어쩔 수 없습니다. 당신의 문제가 아무리 다급해도 당신의 사정입니다. 진리를 향해서 가는 길은 한 가지밖에 없으며, 누구나 노력해서 이 길로 와야만 소망을 성취합니다.

52

정이 많으면 극단으로 흐른다. 정이 많으면 이성이 마비되어 바르게 판단하기 어렵다. 누구를 지나치게 좋아하거나, 지나치게 미워하는 것은 모두 정이 많기 때문이다. 정이 많으면 한이 많다. 감성과 이성의 적절한 조화가 필요하다.

53

열정과 집착은 서로가 다르다. 열정은 해야 할 일을 열심히 하는 것이고 집착은 지나치게 움켜쥐고 놓지 않는 것이다. 열정은 일을 성사시키지만, 집착은 일을 그르친다. 알아차림이 없으면 열정이 집착으로 바뀐다.

54

탐욕이 많은 사람이 수행을 하면 노력은 하지 않고 불평만
한다. 수행은 새로운 습관을 길들이는 과정이라서 원래가
잘 안 된다. 위빠사나는 잘 안 되는 것을 알아차려서 받아
들이는 수행이다. 누구나 계속해서 노력을 하면 약간의 집
중력이 향상된다. 하지만 이것도 일시적인 현상이며 다시
잘 안 되는 과정이 되풀이 된다. 청정과 지혜가 성숙될 때
마다 새로운 장애가 끊임없이 나타난다. 장애를 법으로 알
아차려야 더 높은 지혜의 단계로 갈 수 있다. 지혜는 눈에
보이지 않게 성숙하므로 바람 없이 알아차림을 지속해야
한다. 수행의 과정을 바르게 이끄는 힘은 확신에 찬 믿음과
불굴의 노력이다.

자신의 일을 걱정하지 마라. 올 것이 오고 갈 것이 간다. 자신이 행한 대로 받으며, 자신의 마음가짐만큼 받는다. 자기 수준만큼 생각하고, 그만큼의 결과가 생긴다. 세상의 일을 걱정하지 마라. 올 것이 오고 갈 것이 간다. 세상 사람들이 행한 대로 받으며, 세상 사람들의 마음가짐만큼 받는다. 세상 사람들의 수준만큼 생각하고, 그만큼의 결과가 생긴다. 그러니 무엇을 걱정하고 무엇을 두려워하겠느냐.

긍정이 지나치면 부정으로 가는 길목에 있다. 부정이 지나치면 긍정으로 가는 길목에 있다. 지나치면 상반된 길로 가기 위해 다른 마음을 품는다. 마음은 조건에 따라 하나의 극단에서 다른 극단으로 옮겨갈 준비를 한다. 지나치게 긍정하는 것도 탓하지 말고, 지나치게 부정하는 것도 탓하지 마라. 마음이란 그런 것이라고 알아차려야 비로소 조절이 된다.

57

좋은 일을 했다고 해서 모두 칭찬받는 것은 아니다. 좋은 일도 하기 나름이다. 잘못하면 오히려 욕을 먹는다. 좋은 일을 할 때 과시를 하거나 독선적으로 하면 비판을 받는다. 자신의 욕망대로 하면 남에게 고통을 준다. 좋은 일도 나만 좋으면 안 되고, 나도 좋고 남도 좋아야 한다. 마음가짐이 바르지 못한 사람은 남의 선행을 좋아하지 않는다. 남이 잘 못되기를 바라는 마음이면 좋은 일도 비난을 한다. 그래서 아무리 좋은 일이라도 남의 비난으로부터 자유로울 수 없다. 그러므로 좋은 일을 할 때 자신의 욕망으로 해서는 안 되며, 남의 비난을 받더라도 겸허하게 받아들여야 한다.

58

열정이 많으면 옳은 것도 집착하고, 그른 것도 집착한다. 강한 사람은 열정이 많고, 항상 양극단을 추구한다. 강하면 있던 것을 버리고, 쉽게 다른 것을 선택한다. 좋은 법을 두고 다른 법을 찾으며, 좋은 사람을 두고 다른 사람을 만난다. 그래서 빠르게 성취하고, 쉽게 포기하고 좌절한다. 강하면 유신견이 강한 것이고, 감각적 욕망을 추구하는 것도 강하다. 강하다는 것은 자기도취가 심하고, 이로 인해 인생의 부침이 크다. 강한 사람은 심념처 수행을 해서 내 마음이 아니라는 것을 알아야 한다.

59

꿈은 이루어지지 않는다. 꿈은 실재가 아니다. 꿈이 실현된 것이 아니고, 조건이 성숙된 것이다. 꿈과 현실을 구분하지 못하면 꿈속에서 산다. 꿈과 현실을 구분하면 지혜로 산다. 수행은 꿈을 꿈이라고 알고, 실재를 실재라고 안다.

내가 가장 사랑하는 사람은 나다. 남을 위해서 사는 것처럼 말하지만, 사실은 자신을 위해서 산다. 자기 자신을 사랑할 줄 알아야 비로소 자신의 소중함을 한다. 자신의 소중함을 알아야 비로소 남의 소중함을 안다. 나를 사랑하면 나로 그치지 않고, 더불어 남도 사랑한다. 진심으로 자기 자신을 사랑하면 자기가 한 행동에 대하여 책임을 진다. 자기가 한 일에 책임을 지지 않는 사람은 자신을 사랑할 줄 모르는 사람이며, 남도 사랑할 줄 모르는 사람이다.

즐거움은 느낌이다.
괴로움은 느낌이다. 덤덤함은 느낌이다.

즐거울 때는 즐거운 느낌을 알아차리고,
괴로울 때는 괴로운 느낌을 알아차리고,
덤덤할 때는 덤덤한 느낌을 알아차리면,
정신과 물질을 구별하는 지혜가 난다.

장사를 할 때는 밑천이 있어야 하듯이 위빠사나 수행도 초기에 투자를 해야 한다. 처음에는 몸을 알아차리는 노력과, 시간을 투자해야 한다. 아무 것도 바라지 않고 일어나고 꺼지는 호흡을 알아차리고, 오른발 왼발의 움직임을 알아차리는 노력을 기울여야 한다. 별것 아닌 것 같은 생각이 들어도 인내하면서 계속 지켜봐야 한다. 몸에 있는 대상을 알아차릴 때 어떤 의미를 부여해서는 안 된다. 단지 몸에 마음을 머물게 하여 들떠서 방황하는 마음을 길들여야 한다. 초기에 이런 투자가 있어야 고요함이 생겨 법을 볼 수 있다. 수행은 노력한 만큼의 결과를 얻고, 노력하지 않으면 좋은 결과를 얻을 수 없다.

62

돈을 버는 일이라고 해서 무조건 행동하면 돈이 아니고 독
이다. 지위를 얻기 위해서 무조건 행동하면 지위가 아니고
독이다. 사랑을 얻기 위해 무조건 행동하면 사랑이 아니고
독이다. 음식이라고 해서 무조건 먹으면 음식을 먹지 않고
독을 먹는다.

63

즐거움은 느낌이다. 괴로움은 느낌이다. 덤덤함은 느낌이
다. 즐거울 때는 즐거운 느낌을 알아차리고, 괴로울 때는
괴로운 느낌을 알아차리고, 덤덤할 때는 덤덤한 느낌을 알
아차리면, 정신과 물질을 구별하는 지혜가 난다. 몸과 마음
에서 나타난 대상을 모두 느낌으로 알아차리면 위빠사나
수행에 입문하는 것이다.

알아차릴 때는 감각대상에 마음을 두지 말고, 감각기관에 마음을 두십시오. 마음이 밖으로 나가면 고정관념으로 보며 대상에 대한 차별이 일어납니다. 알아차려서 집중력이 생기면 다음 단계로 마음을 지켜보십시오. 보는 마음을 알아차려서 마음으로 보고, 듣는 마음을 알아차려서 마음으로 듣고, 냄새 맡는 마음을 알아차려서 마음으로 냄새 맡고, 맛보는 마음을 알아차려서 마음으로 맛보고, 접촉하는 마음을 알아차려서 마음으로 접촉하고, 일하는 마음을 알아차려서 아는 마음을 지켜보십시오. 일하는 마음을 알아차리면 뿌리를 알아차리는 것입니다.

65

알아차림이 지속되면 집중력이 생겨 성품을 본다. 집중의
힘이 생기면 감각기관도 변하고, 대상도 변하는 것을 아는
지혜가 난다. 모든 것은 일어나서 사라진다.

66

돈은 이상이 아니고 수단이다. 돈이 정의가 되면 타락한다.

67

명예는 목표가 아니고 결과다. 명예를 목표로 하면 집착을
해서 불명예가 된다.

이 사회에 편견을 가진 자가 횡행하는 것은 그런 자를 비호하는 세력이 있기 때문이다. 도덕적으로 조용히 있어야 할 자가 시끄러운 것은 동조자의 성원 때문이다. 편견이 괴로울 때는 상대를 비난하지 말고 먼저 자신의 고정관념부터 알아차려야 한다. 자기는 고정관념을 가지고 살면서 남의 편견은 못마땅해 한다면 잘못이다. 수행자는 자신의 몸과 마음을 알아차려서 어떤 편견의 그물에도 걸리지 않아야 한다. 자신을 정화해야 사회가 정화된다. 나의 정화 없이는 사회의 정화도 없다. 편견은 무지를 원인으로 일어나며, 정견은 지혜를 원인으로 일어난다.

69

세간의 방식이란 탐욕, 성냄, 어리석음으로 사는 것이다.
출세간의 방식이란 관용, 자애, 지혜로 사는 것이다. 수행
자는 세간의 방식으로 살지 말고, 출세간의 방식으로 살아
야 한다. 출세간이란 바라거나 없애려고 하지 않고, 무엇이
나 있는 그대로 알아차리는 것이다. 선하거나 선하지 못한
대상이나, 모두 똑같이 알아차리는 것이 출세간이다.

70

남이 성질부리는 것에 일일이 반응하다보면, 나중에는 그
사람의 성질과 같아진다. 그래서 부부가 오래 살면 닮는다.

71

지나치게 깍듯한 사람은 속마음을 숨기고 있다. 그러다 때
가되면 감추어둔 마음이 드러난다. 지나치면 사실을 왜곡
한다. 진실은 지나치지 않다.

72

언제 어디에서 무엇을 했거나 과거의 일은 이미 지나간 것이다. 과거는 실재하는 것이 아니고 단지 기억이다. 그때의 마음도, 그때의 행위도, 그 순간의 마음이고, 그 순간의 행위일 뿐이며, 나의 행위가 아니다. 수행자는 항상 현재로 와서 지금 여기에 있는 몸과 마음을 알아차려야 한다. 이것만이 가장 진실한 것을 보는 것이다. 과거에 매달리는 것은 생산적이지 못하다. 갈 길이 바쁘고, 할일이 많은데 언제까지 과거에 사로잡혀야 하는가? 과거에 매달리는 것은 또 다른 감각적 쾌락을 즐기는 것이다. 그것이 좋은 기억이건, 나쁜 기억이건, 과거의 일인 것은 마찬가지다.

73

큰 산은 자신이 큰 산이라고 표를 내지 않아서 큰 산이다.
큰 산이라고 표를 내는 산은 외양이 화려해도 자기 멋에 빠
져있어 얻을 것이 없다.

74

바른 견해를 갖기 위해서는 자신의 이익에만 매달려서는
안 된다. 자신에게 이익이 없으면 부정하고, 이익이 있으면
긍정하는 태도로는 사물을 바르게 볼 수 없다. 자신에게 불
리해도 옳은 것일 때는 긍정하는 것이 더 큰 이익을 얻는다.
그래야 통찰지혜가 나기 때문이다. 나라고 하는 유신견을
가지고 보면, 먼저 자신의 이익을 생각하기 때문에 사물의
실상을 보지 못해 해탈의 지혜를 얻을 수 없다.

75

마음이 화려한 사람은 유신견이 강하다. 자기를 드러내는 마음이 강하면 자기도취에 빠진다. 이런 사람은 수행도 장식으로 생각하고 수행을 머리에 달고 산다. 단지 수행이 고상한 것이라는 생각 때문이다. 그러나 바른 수행을 하기가 어려워서 여러 가지 수행을 편력한다. 유신견이 강한 사람은 살인자보도 더 불행한 사람이다. 살인자도 잘못을 알아차리면 열반에 이를 수 있다. 하지만 유신견이 강하면 결코 열반에 이를 수 없다. 유신견이 강하면 자기 성찰을 하지 않고 항상 자신을 합리화를 하기 때문에 통찰지혜를 얻을 수 없다. 자아가 강하면 마음을 알아차리는 수행을 해서 나의 몸과 마음이 아니라는 무아의 법을 보아야 한다.

76

감각적 욕망은 선하지 못한 마음이다. 자신의 욕망을 충족
하려면, 남을 배려할 수가 없다. 감각적 욕망을 버리면, 남
을 보호하고, 자신도 보호한다.

77

선물로 마음을 살 수는 있지만 믿음을 살 수는 없다. 선물
로 마음을 사로잡을 수 있지만 오래 가지는 않는다. 바람이
없는 선물이어야 믿음을 주고 오래 기억된다.

78

자아가 강하면 원하는 것이 많고, 자신만의 원칙을 고수하
여 스스로 괴로움을 만든다. 괴로움은 자신의 문제지만, 자
신의 문제만으로 그치지 않고 남에게도 고통을 전가한다.
자신의 마음을 바꾸지 않고, 상대만 바뀌기를 원한다면 괴
로움으로부터 해방될 수 없다.

괴로움은, 고통으로 인한 괴로움, 변화로 인한 괴로움, 행위로 인한 괴로움이 있다. 고통으로 인한 괴로움은, 태어나서 늙고 죽는 것이 고통스러워서 생긴다. 변화로 인한 괴로움은, 가지고 있는 것들이나 즐거움이 변해서 생긴다. 행위로 인한 괴로움은 법을 모르는 상태에서 무지로 행해서 생긴다. 괴로움은 알아차릴 대상이다. 알아차리지 못하면 괴롭고, 알아차리면 괴로움이 아니다.

80

情을 알아차리지 못하면 집착을 해서 정情이 한恨이 된다.

81

실패했을 때 성공을 바랐던 자신의 마음을 보라. 욕망이 없으면 성공도 실패도 없고 단지 과정만 있다. 괴로울 때 즐겁기를 바랐던 자신의 마음을 보라. 욕망이 없으면 괴로움도 즐거움도 없고 단지 마음만 있다.

82

생명은 소유하는 것이 아니고 사용하는 것이다. 정신과 물질은 소유하는 것이 아니고 사용하는 것이다. 지위와 재산은 소유하는 것이 아니고 사용하는 것이다.

83

범부가 가진 세간의 마음과, 수행자의 출세간의 마음은 다르다. 세간은 출세간을 받아들이지 않지만, 출세간은 세간을 존중한다. 세간에는 알아차림이 없어 관용이 없지만. 출세간에는 알아차림이 있어 관용이 있다. 범부는 즐거울 때 감각적 욕망을 집착하지만 수행자는 즐거울 때 즐거움을 알아차린다. 범부는 괴로울 때 화를 내지만, 수행자는 괴로울 때 괴로움을 알아차린다. 범부는 덤덤할 때 무지에 빠지지만, 수행자는 덤덤할 때 덤덤한 것을 알아차린다. 범부는 지혜가 없어 고통을 만들지만, 수행자는 지혜가 있어 고통을 끊는다. 범부는 가야할 길을 모르는 사람이고, 수행자는 가야할 길을 아는 사람이다.

84

자신의 가장 큰 적은 밖에 있지 않다. 자신의 마음이 가장
큰 적이다. 다른 사람 때문에 분개하지 마라. 화를 내고 있
는 자신의 마음이 적이다.

85

기다릴 줄 알아야 욕망이 제어된다. 기다릴 줄 알아야 성냄
을 극복한다. 기다릴 줄 알아야 어리석지 않다. 기다리는
사람에게 기회가 온다. 기다리지 못하면 성취하지 못한다.
무료하게 기다리지 말고 조용히 호흡을 지켜보라.

86

대우가 나쁘다고 원망하지 마라. 자기가 한대로 받는다.

선하지만 바라는 마음이 있으면 완전하게 선한 마음이 아니다. 바라지 않는 마음일 때만 완전하게 선한 마음이다. 그러나 처음에 수행을 시작할 때는 누구나 바라는 마음으로 한다. 아직 탐욕과 성냄과 어리석음의 지배를 받고 있기 때문이다. 모두 욕망으로 수행을 시작 하지만 결국 마음대로 되지 않는 것을 안다. 그리고 바라는 마음이 있을 때마다 괴로움이 뒤따른다는 것을 안다. 이러한 지혜가 성숙될 때만이 바라는 마음이 사라진다. 바라지 않았기 때문에 나쁜 결과에도 괴로워하지 않으며, 좋은 결과에도 기뻐하지 않는다. 이렇게 되었을 때 성자가 되어 관용과 자애와 지혜로 산다.

88

좋지 않은 일어남은 사라짐도 좋지 않다. 좋은 일을 한다고 해도 자신의 욕망으로 한다. 욕망으로 하는 일은 나쁜 결과가 있다. 좋은 일어남이 되려면 자신을 내세우지 마라. 자신만 좋은 것은 좋은 것이 아니다. 남들이 싫어하는 일은 결과도 나쁘다.

89

병을 치유하기 위해서 수행을 해서는 안 된다. 바라지 않고 수행을 해야 병이 치유될 수 있다. 수행으로 치유되는 병이 있고, 치유할 수 없는 병이 있다. 병을 치유할 수 있는 기준은 알아차리는 것으로 결정된다. 알아차리기가 어려우면 수행을 할 수가 없다. 신체적인 장애가 일어나면 알아차려서 집중하기가 어렵다. 몸과 마음에서 일어나는 느낌을 알아차릴 수 있을 때 병이 치유된다.

실패하고 재기에 성공하거나, 실패하고 재기하지 못하는 경우가 있다. 실패나 재기나 모두 자신이 한 일에 대한 결과다. 불선업의 과보로 실패하고, 선업의 공덕으로 재기한다. 실패한 뒤에 재기하지 못하는 것은 쌓아놓은 선업의 공덕이 없기 때문이다. 불선업과 선업을 섞이지 않는다. 조건이 성숙되면 저마다의 과보가 나타난다. 재기에 성공했을 때 진정한 성공은 물질적인 것이 아니고 정신적인 것이다. 선업과 불선업은 앞서서 이끄는 마음의 결과다. 실패를 통하여 자신을 아는 지혜를 얻는 것이 성공이다. 지혜가 나면 다시 실패할 일을 하지 않아 성공한 것이다.

얻으려 하면 집착하여 전부를 잃는다.
욕망이 눈을 멀게 하기 때문이다.

얻기 위해 아무리 노력해도 내 것으로 만들 수 없다.
그러나 버리면 갈애가 끊어져 전부를 다 얻는다.
지혜가 바른 길을 알려주기 때문이다.

91

좋은 것은 당연히 좋은 것이다. 그러나 좋기 때문에 알아차리지 못해 무지에 빠진다. 좋은 것은 감각적 욕망을 일으키기 때문에 좋지 않은 것을 함께 가지고 있다. 그래서 좋은 것도 알아차릴 대상이다. 좋지 않은 것은 당연히 좋지 않은 것이다. 그러나 좋지 않기 때문에 알아차려서 지혜가 생긴다. 좋지 않은 것은 고통을 주지만 좋은 것을 함께 가지고 있다. 그래서 좋지 않은 것도 알아차릴 대상이다. 위빠사나 수행은 모든 것이 알아차릴 대상이다.

92

몰라서 괴로움이 일어나고, 알면 괴로움이 소멸한다. 모르면 괴로울 일을 하고, 알면 괴로울 일을 하지 않는다. 몰라서 당하고 알면 당하지 않는다. 수행은 무지를 지혜로 바꾼다.

93

범부는 살아온 습관대로 살고, 수행자는 습관을 알아차리면서 살고, 성자는 새로운 습관으로 산다.

94

자기를 인정해 주면 좋아하고, 인정해 주지 않으면 싫어한다. 좋아하는 사람만 상대하면 욕망의 감옥에 갇힌 사람이다.

범부는 감각적 욕망의 갈애로 살기 때문에 받을 것이 많아 다시 태어난다. 수다원, 사다함, 아나함은 아라한이 되기 위한 갈애 때문에 받을 것이 있어 다시 태어난다. 아라한은 감각적 욕망의 갈애가 사라져 받을 것이 없어 다시 태어나지 않는다. 범부나 성자는 자아가 있어서 다음 생으로 윤회하는 것이 아니고 원인과 결과가 다음 생으로 상속된다. 아라한은 원인이 사라져 태어남이란 결과가 생기지 않는다. 태어나고 죽음에는 자아가 있는 것이 아니고 단지 원인과 결과만 있다.

96

최고로 좋은 것이라고 생각하는 순간 감각적 욕망에 빠져 바르게 보지 못한다. 대상은 거기에 그냥 있는데 마음이 흔들려서 갈애가 일어난다.

97

붓다의 가장 뛰어난 가르침은 감각적 욕망과 극단적 고행이 아닌 중도를 실천하는 것이다. 중도는 두 가지 극단을 부정하는 것이 아니다. 두 가지 극단이 아닌 바른 길을 걸어가는 실천을 중도라고 한다. 두 가지 극단을 벗어난 실천이 없으면 중도가 아니다. 중도를 실천하는 방법이 팔정도 위빠사나 수행이다. 두 극단은 지성을 나약하게 하며, 고요함이 없어 지혜가 나지 않는다. 오직 대상을 있는 그대로 주시하는 위빠사나 수행을 통해서만 법을 본다.

그대는 아직도 욕망의 늪에서 헤매고 있습니까? 욕망은 달콤하지만 천박한 것입니다. 이제 욕망의 포로가 된 자신을 구하십시오. 욕망이 당신을 키웠지만 그 욕망이 당신을 죽음에 이르게 합니다. 이제 탐욕에 찌든 마음을 알아차리십시오. 그대는 아직도 화를 내서 자신을 불태우고 있습니까? 화는 화를 낸 자가 가장 큰 피해를 입습니다. 당신의 오만한 편견이 화를 내게 합니다. 알아차리십시오. 그대는 아직도 무지에 눈이 멀었습니까? 눈을 뜨십시오. 어둠에서 밝음으로 나와 사물을 있는 그대로 보십시오. 그대는 아직도 허상을 붙잡고 헛된 꿈을 꾸고 있습니까? 꿈을 깨십시오. 이제는 사실을 직시하여 오랜 망상에서 벗어나십시오.

99

절대를 추구하면 극단에 빠지기 쉽고, 만족할 수 없을 때는 무조건 배척한다. 절대가 아니면 차선을 택하고, 차선이 아니면 차 차선을 택해야 한다. 그도 아니면 그냥 빈손이어도 좋다. 꼭 무엇이 있어야 하는 것은 아니다. 특별한 것을 구하려고 하지 마라. 일상을 살아가는 마음에 지혜가 있다. 지금 여기에 있는 몸과 마음을 있는 그대로 보는 것이 가장 소중하다. 절대에 빠지지 않아야 궁극의 지혜에 이른다. 진리는 단순하며 일반적인 것들 속에 있다.

100

탐욕을 부리는 것보다, 관용으로 받아들이는 것이 좋다. 선하지 못한 마음보다는 선한 마음이 이롭기 때문이다. 화를 내는 것보다, 자애로운 마음을 갖는 것이 좋다. 이익이 없는 것보다는 이익이 있는 것이 낫기 때문이다. 어리석은 것보다, 지혜가 있는 것이 좋다. 고통을 겪는 것보다는 행복한 것이 좋기 때문이다.

목숨을 지탱하는 호흡이나, 몸에 있는 모든 느낌들이나, 그것을 아는 마음은 계속 생멸한다. 일어나면 사라지고 없어서 무상하며, 무상하기 때문에 만족할 수 없으며, 무상과 고를 바꿀 수 없어서 무아다. 존재하는 것의 세 가지 진실은 생각으로 알 수 있는 것이 아니다. 수행을 해서 통찰지혜가 나야 안다. 진리는 원래가 있는 것인데 무지로 인해 알 수가 없다. 진리는 붓다께서 설해서 진리가 아니다. 원래 있는 것을 붓다께서 찾아낸 것이다. 무상, 고, 무아의 세 가지 진실은 변하는 것만 있고 그 실체가 없다. 오직 일어나고 사라지는 것만 있고, 어떤 실체도 없는 것을 알아서 갈애와 집착을 끊는 것이 깨달음이다.

102

잘못된 습관은 인과응보다. 습관은 원인과 결과로 만들어진 축적된 성향이다. 잘못된 습관을 바꾸려면 습관이 만들어진 만큼의 시간과 노력이 따라야 한다. 그동안 감각적 쾌락을 즐긴 만큼의 고통을 겪어야 습관이 개선된다. 무엇이나 한 번에 해결되지 않는다.

103

얻으려하면 집착하여 전부를 잃는다. 욕망이 눈을 멀게 하기 때문이다. 얻기 위해 아무리 노력해도 내 것으로 만들 수 없다. 버리면 갈애가 끊어져 전부를 다 얻는다. 지혜가 바른 길을 알려주기 때문이다. 내 것이라고 할 것이 없어서 모든 것을 다 얻는다. 얻으려는 것은 세속의 방식이고, 버리는 것은 출세간이 방식이다.

12연기에는 태어남生과 늙음老과 죽음死만 있고 병病이 없다. 누구나 병을 가지고 태어나서 병으로 죽는다. 그래서 주석서에서는 생로병사라고 한다. 몸과 마음이 있는 한 병이 있기 때문에 살아가면서 괴로움을 떼어낼 수가 없다. 하지만 사는 것이 괴로움만 있는 것은 아니다. 괴로움의 원인을 제거하면 괴로움은 소멸된다. 괴로움의 원인인 무명과 갈애를 제거하여, 지혜를 가지고 선행을 하면 괴로움이 사라진다. 연기에는 고제와 집제라는 일어남의 연기가 있고, 도제와 멸제라는 소멸의 연기가 있다. 번뇌가 소멸되어 열반에 인도하는 도제가 피안으로 가는 뗏목, 위빠사나 수행이다.

위빠사나 수행처는 일정한 규범을 지키는 곳이다. 특별한 규범이 아니고 매우 상식적인 수준의 규범이다. 수행처에 서는 절제해야 하며, 타인을 배려하는 마음이 있어야 한다. 그러나 자신을 과시하는 사람은 이 규범이 맞지 않아 수행처를 떠난다. 수행처가 누구를 배척하는 것이 아니고 스스로 적응하지 못해 나오지 않는다. 수행처에 계속해서 나온다는 사실만으로도 이미 훌륭한 수행을 하는 것이다.

상대가 聖者이기를 바라지마라. 먼저 자신이 聖者가 되어야 한다. 聖者는 남을 탓하지 않는다.

107

만나기 싫은 사람과 만나서 말을 할 때는 사람을 의식하지 말고 그의 말을 알아차려라. 사람은 관념이고 실재하는 것은 말이므로 두 가지를 분리해서 알아차려야 한다. 싫은 사람을 만날 때 마음을 밖으로 보내지 말고 자신의 감각기관에 집중하면 두려움이 없다. 마음이 밖으로 나가 사람을 의식하면 싫어하는 마음 때문에 평온을 잃는다. 세상을 살다 보면 여러 가지 일들이 일어나기 마련이다. 때로는 뜻하지 않은 봉변을 당할 수도 있지만 태어났기 때문에 겪는 업의 과보이다. 불가피한 일들이 일어나도 있는 그대로 받아들여야 한다. 불가피한 것을 못마땅해 하면 괴로움이 더 커진다. 어차피 겪어야 할 일이라면 무엇이나 겪어야 한다.

세속의 힘은 무지이며 무지의 힘은 강하고 거대하다. 누구도 그 힘에 맞서 대적할 수 없다. 그러나 세속의 힘을 초월하는 단 한 가지 방법이 있다. 오직 수행의 지혜로 뚫어야한다. 세속은 원래 그렇게 흘러간다. 지혜가 있으면 세속의힘이 거대해도 바람처럼 걸리지 않아서 자유롭다. 지혜가자기 영역을 지키면 결코 무지의 힘이 범접할 수 없다. 이것이 무지로부터의 탈출이다. 무지의 힘은 분쇄할 수 없다.오직 지혜로 벗어나야 한다. 지혜는 알아차림으로 얻는다.

남에게 적용하는 기준을 자신에게도 적용하라. 남에게 선을 바라면 자신도 선해야 한다.

위빠사나 수행은 지극히 상식적인 수행이다. 누구나 경험을 할 수 있는 몸과 마음을 알아차리는 수행으로, 없는 대상을 알아차리지 않고, 있는 것을 알아차린다. 관념을 대상으로 하는 수행은 추론이지만, 실재를 대상으로 하는 수행은 사실에 기초한다. 그러나 다른 한편으로 매우 특별한 수행이다. 누구나 바라고 없애려고 하지만 이 수행은 바라고 없애려고 하지 않는다. 그래서 일상의 방법과 전혀 다른 새로운 수행방법이다. 이처럼 매우 상식적인 수행이지만, 수행을 하는 방법에 있어서는 지금까지 해보지 않은 새로운 방법이다. 이상의 두 가지의 요소가 조화를 이루어야 비로소 바르게 수행을 할 수 있다.

111

가까운 사람일수록 화를 잘 낸다. 가까운 만큼 바라는 마음이 크다. 가까운 사람일수록 상처가 크다. 가깝기 때문에 자기 마음대로 한다. 가까운 사람과 헤어지는 법이다. 먼 관계면 헤어질 것도 없다. 가까운 사람은 더욱 소중히 여기고, 애써 가깝게 하려고 할 것 없다.

112

좋은 일이라도 행함이 바르지 못하면 좋은 일이 아니다.

113

선한 일을 하면, 행한 것으로 그치지 않는다. 선한 일을 하는 순간에 선과보의 이익이 있으며, 그 순간에 악한 일을 하지 않아서 불선과보를 받지 않는 이익이 있다. 선한 일은 계율을 지키는 행위라서 악한 일을 막아서 스스로를 보호한다.

114

법은 알아차릴 대상이며, 그것 자체가 진리다. 대상의 법은 정신과 물질이며, 진리의 법은 무상, 고, 무아다. 바른 법은 자신의 몸과 마음에서 찾을 수 있다. 대상의 법을 보아야 진리의 법을 볼 수 있다. 바른 법이 있어도 아는 자에게만 법이다. 지혜가 있어야 법이지 무지하면 법이 아니다. 모르면 법을 주어도 얻으려고 하지 않는다. 모르면 선법보다 불선법을 얻으려 한다. 아무리 좋은 법이라도 자신의 원했을 때만이 법이다. 법을 보았을 때만이 비로소 나를 안다. 나를 보았을 때만이 비로소 법을 안다.

115

매사에 일을 잘못하는 사람은 게으르고 우유부단하다. 매사에 일을 잘하는 사람은 이기적이고 최고를 원한다. 일을 잘못하는 것도 무지고, 일을 잘하는 것도 무지다. 지혜는 잘하고 잘못하는 것이 없어 게으르지 않고 이기적이지 않다. 잘하고 잘못하는 것이 없으려면 그냥 할일이라서 해야 한다.

116

어려서는 부모에 의지하고, 젊어서는 친구에 의지하고, 결혼해서는 배우자에 의지하고, 늙어서는 가족에 의지하고 산다. 사람에게 의지하지 않으면 다른 무엇인가에 의지하고 산다. 그러나 이것들은 완전한 의지처가 아니다. 완전한 의지처는 자신의 몸과 마음이며, 몸과 마음을 알아차리는 방법이다. 자신의 몸과 마음을 알아차려서 얻을 수 있는 법이란 이것들조차도 믿을 것이 못 된다는 것이다. 이런 지혜가 날 때만이 완전하게 번뇌를 소멸시킬 수 있다.

중도는 감각적 쾌락과 극단적 고행을 하지 않는 것으로 그치지 않는다. 중도는 정견, 정사유, 정어, 정명, 정업, 정명, 정정진, 정념, 정정으로 팔정도를 실천하는 것을 말한다. 팔정도는 바르게 살아가는 방법으로 피안으로 건너가는 뗏목이다. 팔정도라는 뗏목의 노를 저어가는 방법이 위빠사나 수행이다. 위빠사나 수행으로 대상을 분리해서 알아차리면 양극단에서 벗어나서 일시적으로 번뇌가 소멸된다. 알아차림을 지속하면 지혜가 나서 완전하게 번뇌를 소멸시킨다. 이것이 지고의 행복인 열반이다. 그러므로 중도가 팔정도며, 팔정도가 위빠사나 수행이며, 위빠사나 수행을 해서 해탈에 이른다.

118

알아차림은 머물게 하고, 번뇌는 흘러가게 하라. 알아차림
은 기억하고, 번뇌는 잊어버려라. 알아차림은 현재에 두고,
번뇌는 과거로 돌려라.

119

여섯 가지 감각기관인 눈, 귀, 코, 혀, 몸, 마음이 여섯 가지
감각대상을 만나서 즐기는 것을 감각적 쾌락이라고 한다.
감각적 쾌락에 심취한 사람은 감각대상이 없으면 불안하다.
항상 즐길 거리를 마음에 두고 살다가 즐길 대상이 없으면
불안한 중독증상이 나타나 어떻게라도 대상을 만들어야 편
안하다. 돈이 없으면 불안하고, 지위가 없으면 불안하고,
사랑하는 사람이 없으면 불안하다. 그래서 돈을 벌기위해
혈안이 되고, 지위를 얻기 위해 굴욕을 감수하고, 사랑을
얻기 위해 목숨을 건다. 그러나 사실은 돈과 지위나 사랑이
필요한 것이 아니다. 다만 이것들을 통해서 자신의 감각적
쾌락을 충족시키려고 하는 것이다.

수행자는 대상을 겨냥하고 그 대상에 마음을 머물게 해야
한다. 마음을 대상에 머물게 한다는 것은 관심을 가지고 그
곳에 마음을 두는 것이다. 머문다는 것은 수행자가 알아차
림을 지속시켜 이렇게 생활하는 것을 말한다. 이때 바라는
마음을 머물게 해서는 안 된다. 단지 알아차릴 대상이라서
단순하게 마음을 두어야 한다. 알아차림이 지속되는 순간
에는 탐욕과 성냄과 어리석음이 침범하지 못한다. 그리하
여 마음과 몸이 청정해져서 차츰 대상의 성품을 보는 지혜
가 생긴다. 알아차리면 좋은 것이나 나쁜 것이나 상관없이
어떤 대상이나 관용으로 받아들인다. 이렇게 알아차릴 때
만이 대상을 있는 그대로 보아 걸림이 없다.

진리는 신비로운 것이 아니며
비밀스러운 것도 아니다.

신비에 진실이 있을 것 같아도 알 수 없는 신비밖에 없다.
비밀에 진실이 있을 것 같아도 알 수 없는 비밀밖에 없다.
진리는 항상 와서 보라고 스스로를 드러내고 있다.

불교가 몸을 분석하는 종교인 것은 몸이 여러 가지의 물질로 구성된 무더기들의 모임인 것을 밝히는 것이다. 이렇게 알아차릴 때만이 나의 몸이 아니라는 것을 안다. 불교가 마음을 분석하는 종교인 것은 마음이 매순간 일어나고 사라지면서 흐르고 있는 것을 밝히는 것이다. 이렇게 알아차릴 때만이 나의 마음이 아니라는 것을 안다. 몸과 마음이 나의 것이 아니라고 알아야 갈애가 끊어져 해탈의 자유를 얻는다. 불교가 몸과 마음을 분석하는 종교인 것은 몸과 마음으로 생긴 번뇌는 몸과 마음을 알아야 답을 얻기 때문이다. 몸과 마음에 대한 분석은 수행을 통해서만 얻는 지혜다.

122

무엇을 할지 모르는 사람이 있고, 무엇을 할지 아는 사람이 있다. 무엇을 할지 알아도 못하는 사람이 있고, 무엇을 할지 알고 실천하는 사람이 있다.

123

알아차림은 대상을 겨냥하는 단순한 행위이다. 집중이 되지 않고 혼란한 것은 단순하게 알아차리지 못한 것이다. 바라거나 없애려고 하면 단순하게 알아차릴 수 없다. 단순함만이 무지의 벽을 허물고 감추어진 지혜를 드러낸다.

사람들이 일생을 살면서 괴로움을 해결하지 않고, 오히려 괴로움을 키우는 일만 하면서 산다. 누구나 괴롭지 않으려고 하는 일이 오히려 괴로움을 커지게 한다. 사는 것이 괴로움이고, 다시 태어나는 것이 괴로움을 반복하는 일인데도 모두들 다시 태어날 수밖에 없는 일만 집착한다. 괴로움으로부터 도피하거나, 괴로움이 없기를 바라거나, 괴로움을 없애려고 하지 마라. 괴로울 때 괴로움에서 벗어나려 하지 말고, 괴로운 것을 있는 그대로 알아차려서 받아들여야 한다. 이렇게 하는 것이 괴로움에서 벗어나는 유일한 길이다. 괴로움이 있음을 아는 것이 성자의 진리다. 괴로움이 있는 것을 알면 괴로운 일을 만들지 않는다.

125

모르면 없는 것을 있다고 하고, 있는 것을 없다고 한다. 모르면 틀리게 말하고, 남의 말을 그대로 믿는다. 알면 없는 것은 없다고 하고, 있는 것은 있다고 한다. 알면 바르게 말하고, 남의 말에 속지 않는다. 모르면 당하고, 알면 당하지 않는다.

126

우리가 오늘 만났지만 때가 되면 떠납니다. 내가 당신을 떠나거나, 당신이 나를 떠날 것입니다. 시간의 차이가 있을 뿐, 결국은 떠나야 합니다. 만남과 헤어짐은 사람을 구별하지 않습니다. 만날 때 이미 헤어짐이 예약되어 있습니다. 그러므로 헤어질 때 슬퍼하지 말아야 합니다. 결국은 모든 것들이 가야할 길로 갑니다.

127

세간의 삶에서는 하루가 있고, 한 달이 있고, 한 해가 있고, 한 일생이 있다. 그러나 출세간에서는 매 순간이 하루고, 한 달이고, 한 해고, 한 일생이다. 사람의 생명은 호흡과 호흡 사이에 있다. 호흡은 매 순간 일어나고 사라진다. 조금 전에 일어난 호흡은 새로 일어난 호흡과 같은 호흡이 아니다. 모든 것은 일어나면 사라진다. 생명이 한 순간의 호흡 사이에 있다면 매 순간이 생일이다. 호흡과 함께 있는 마음도 매 순간 일어나고 사라진다. 조금 전의 마음과 현재의 마음이 같은 마음이 아니며, 현재의 마음과 바로 뒤의 마음이 같은 마음이 아니다. 그래서 몸과 마음이 있지만 매 순간 변하기 때문에 나의 소유가 아니고 내가 아니다.

128

바른 수행은 단지 알아차리고, 알아차림을 지속하는 것이다. 좋은 것을 바라고, 나쁜 것을 버리려는 것은 최상의 선택이 아니다. 수행의 결과가 없다면 인위적으로 개입했기 때문이다. 아무것도 바라지 않고, 있는 그대로 알아차리는 것이 최상의 공덕을 쌓는 일이다.

129

무지해서 바라고, 지혜가 있어서 바라지 않는다. 바라서 괴롭고, 바라지 않아서 행복하다. 필요해서 하는 것과, 바라는 것은 다르다. 필요해서 하는 것은 의도며, 바라는 것은 욕망이다. 선해지려는 노력은 바람이 아니고 의도다.

어리석은 사람이 수행을 해서 지혜가 나면 밝은 세상을 산다. 지혜가 나면 자아가 없다는 것을 알아 스스로를 낮추고 겸손해진다. 그래서 자신도 행복하고 남도 행복하게 해준다. 지혜가 나면 헌신적인 생활을 하기 때문에 나와 남이 모두 이익을 얻는다. 지혜로운 사람이 어리석음에 빠지면 어두운 세상을 산다. 미숙한 지혜는 쉽게 어리석음에 빠져 내가 최고라는 생각으로 스스로를 높인다. 그래서 자신도 불행하고 남에게도 고통을 준다. 어리석으면 자신의 이익만 추구하기 때문에 나의 이익도 없고 남에게는 피해를 준다.

131

진리는 신비로운 것이 아니며 비밀스러운 것도 아니다. 신
비에 진실이 있을 것 같아도 알 수 없는 신비밖에 없다. 비
밀에 진실이 있을 것 같아도 알 수 없는 비밀밖에 없다. 진
리는 항상 와서 보라고 스스로를 드러내고 있어 누구나 보
는 힘이 있는 만큼 볼 수 있다. 신비하거나 비밀스러운 것
은 아직 완전하지 못하거나 무엇인가를 가장하고 있다.

132

괴로운 느낌을 없애려고 욕망을 일으킬 것이 아니라, 괴로
운 느낌을 알아차려서 지혜가 나도록 해야 한다.

사성제는 일어나는 진리와 소멸하는 진리로 나눈다. 일어나는 진리는 고제와 집제다. 괴로움인 고제와 괴로움의 원인인 집제는 세속의 진리며, 윤회가 일어나는 진리다. 소멸하는 진리는 멸제와 도제다. 괴로움의 소멸인 멸제와 소멸에 이르는 도제는 출세간의 진리며, 윤회가 소멸하는 진리다. 멸제는 열반이고 도제는 팔정도다. 수행자는 일어나는 진리인 고제와 집제를 알아차려야 한다. 소멸하는 진리인 멸제와 도제는 수행의 대상이 아니다. 처음부터 열반과 팔정도의 지혜를 알 수 없기 때문이다. 괴로움을 알아차리는 것으로 그쳐야 괴로움의 원인을 알고 소멸이 있다.

134

미움의 뿌리가 사랑이지만 더 깊은 곳에 무지가 있다. 좋아함의 뿌리가 무지이지만 더 깊은 곳에 자아가 있다. 내가 있다고 하는 자아가 모든 잘못의 근원이다.

135

선하거나 선하지 못한 일은 우연히 일어나지 않는다. 그것이 자랄 수 있는 온상이 있어서 생긴 결과다. 선한 온상은 알아차림이 있어 대상을 있는 그대로 본다. 있는 그대로 알아차리면 모두가 대상이라서 시비가 없다. 선하지 못한 온상은 알아차림이 없어 관념으로 본다. 관념으로 보면 왜곡해서 보기 때문에 시비가 있다.

136

사람이 살면서 여러 가지의 대상과 마주칠 때 언제나 느낌이 일어나고, 이 느낌은 갈애로 발전한다. 이때 일어난 갈애는 바라는 마음이다. 감각기관이 감각대상과 만났을 때 쾌락을 원하는 갈애, 잘 살고 싶어 하거나 좋은 곳에 태어나고 싶은 갈애, 사는 것이 괴로워서 죽고 싶은 갈애가 일어난다. 이러한 갈애는 그냥 갈애로 있지 않고 반드시 집착을 하는 마음으로 발전한다. 그리하여 행위를 하고 그 행위에 의해 일어난 힘이 어떤 사건을 만들거나, 다음 생을 태어나게 한다. 바라는 마음이 단순하게 바라는 마음으로 그치지 않고 이와 같이 집착을 하여 괴로움을 일으키기 때문에 반드시 바라는 마음을 알아차려야 한다.

137

자신의 가치는 자기 스스로가 만든다. 좋은 향기가 나는 사람은 좋은 마음을 가지고 좋은 행동을 한 사람이다. 이런 사람은 스스로가 행복하고 누구에게나 환영받는다. 그러므로 행복해지고 싶고, 인정받고 싶으면 바른 행동을 해야 한다. 자신이 괴로움을 겪고 있거나, 부당한 대우를 받는다면, 자신이 한 행위에 대한 결과다. 그러므로 어떤 경우에도 남을 원망할 것이 없다

138

알아차리지 못해 혼미할 때는 감각적 욕망이 지배한다. 욕망으로 시작하면 죽음으로 끝난다. 무명으로 시작하여 무명으로 끝나면 태어나서 죽는 윤회가 계속된다. 알아차려서 깨어있을 때는 지혜가 지배한다. 지혜로 시작하면 해탈로 끝난다. 지혜로 시작하여 지혜로 끝나면 다시 태어나지 않아 죽는 일이 없다. 혼미할 때는 방황하지만, 지혜가 있으면 흔들리지 않는다.

괴로워서 술을 마시지만, 술을 마시고 싶어서 괴롭다고 한다. 괴로운 것도 느낌이고, 술을 마시고 싶은 것도 느낌이다. 무슨 느낌이나 느낌이 일어났을 때는 단지 느낌으로 알아차려야 한다. 일어난 느낌을 다른 느낌으로 바꾸는 것은 도피하는 것이다. 술은 괴로움의 해방처가 아니고 단지 일시적 도피처일 뿐이다. 괴로울 때는 괴로움을 피하지 말고, 있는 그대로 알아차려야 한다. 괴로움으로부터 도피하는 한 영원히 도망자의 신세를 면할 수 없다.

140

사람에게는 사람의 마음이 있고, 축생에게는 축생의 마음
이 있다. 사람의 마음이 축생의 마음이 아니고, 축생의 마
음이 사람의 마음이 아니다. 사람에게는 사람의 길이 있고,
축생에게는 축생의 길이 있다. 사람의 길이 축생의 길이 아
니고, 축생의 길이 사람의 길이 아니다. 사람과 축생의 마
음이 같은 마음이 아니므로, 사람과 축생의 마음이 같기를
바라지 마라. 사람이 축생의 마음이면 본능만 있으며, 축생
이 사람의 마음이면 질서가 무너진다. 서로 다른 마음이 같
기를 바라면 무지고, 서로 다른 마음을 존중하면 지혜다.

141

모르는 사람은 잘못을 보고 무조건 비난하지만, 아는 사람
은 잘못을 보고 몰라서 그랬다고 이해한다.

알아차린다고 해서 무조건 해결되지 않는다. 지속적으로 알아차려서 적절한 조건이 성숙되어야 알맞은 결실을 맺을 수 있다. 잘못된 견해는 바른 견해를 갖는 과정에서 점진적으로 제거된다. 잘못된 견해를 없애려고 하면 오히려 더 나쁜 결과가 생기므로 바라는 마음 없이 알아차리고 알아차림을 지속해야 한다. 바라고 없애려고 하는 것이 탐욕이기 때문에 바라고 없애려고 하면 분노와 무지만 커진다. 어리석음이란 완전한 깨달음에 이르러야 자연스럽게 제거된다. 지혜란 매순간의 지혜들이 모여 완성된 지혜로 성숙된다. 어느 날 홀연히 큰 깨달음이 왔다면, 단계적 과정을 거쳐서 즉각 깨달음에 이른 것이다.

143

모르면 어떻게 살아야 할지 갈 길을 몰라서 방황하고, 알면 어떻게 살아야 할지 갈 길을 알아서 방황하지 않는다. 모르는 것은 무지고, 아는 것은 지혜다.

144

한 인간이 살아온 과거와, 살고 있는 현재와, 앞으로 올 미래를 통 털어서 어느 때나 인격체로 보지 말고 단지 원인과 결과로 보아야 한다. 과거에 내가 살았던 것이 아니고 그 순간의 정신과 물질이 산 것이다. 현재에도 내가 살고 있는 것이 아니고 과거의 원인으로부터 전해진 과보의 결과로 정신과 물질이 살고 있다. 지금 이후의 미래나 다음 생에도 내가 옮겨가는 것이 아니고 현재의 원인이 미래의 결과로 간다. 여기에 나라고 하는 것은 없고 단지 정신과 물질이 원인과 결과로 일어나고 사라지는 현상만 있다. 이처럼 모든 것이 원인이 있어서 생긴 결과라면 원인이 없을 때는 결과가 없다는 것도 분명한 진실이다.

145

지나치게 목적에 집착하면 그 목적을 성취하기 위해서 진실이 아닌 것도 진실처럼 말한다. 그래서 거짓이 진실 같은 세상을 산다. 오직 목적 하나에 매달리면 일이 진행되는 과정을 무시하게 되어 좋은 결과를 얻을 수 없다. 누구에게나 높은 이상을 가진 목적이 필요하지만 일을 할 때는 목적을 잊어야 한다. 그리고 단지 해야 할 일이라서 해야 한다. 세상은 온갖 목적을 가진 사람들이 저마다의 성취를 위해서 진실을 외면한다. 이렇게 해서 목적에 이르렀다면 그것은 바른 성취가 아니다. 오히려 얻은 것으로 인해 해로운 과보를 받는다. 그래서 언제나 목적에 함몰된 자기 마음이 자기를 속이고 있지 않은지 알아차려야 한다.

146

벌려놓은 일이 많으면 탐욕으로 하지 않는지 알아차려라.
탐욕의 결과는 괴로움이다. 할 일이 많으면 대상으로 알아
차려라. 일이라고 생각하면 힘들지만 알아차릴 대상이면
법이다.

자신이 설정한 잣대는 자신의 것이다. 상대를 자신의 시각
으로만 보아서는 안 된다. 상대도 그의 잣대가 있다. 이것
을 존중해야 한다.

148

나는 과거에 어디서 왔는가? 나는 과거에 어디서 오지 않았다. 과거의 원인으로부터 현재의 결과가 생겼다. 여기에 나는 없고 단지 원인과 결과만 있다. 나는 앞으로 어디로 가는가? 나는 어디로 가지 않는다. 현재의 원인으로부터 미래의 결과로 간다. 여기에 나는 없고 단지 원인과 결과만 있다. 내가 과거에 어디서 오고, 미래에 어디로 가는 것이 아니라 단지 과보의 흐름만 있다. 원인과 결과가 흘러가는 것이지 내가 흘러가는 것이 아니다. 과거에도 내가 없었고, 지금도 내가 없고, 지금 이후에 죽을 때까지도 내가 없고, 죽어서 가는 곳에도 내가 가지 않고 원인과 결과만 상속된다.

수행은 사마타 수행과 위빠사나 수행이 있다. 사마타 수행은 번뇌를 억눌러서 일어나지 못하도록 한다. 관념을 대상으로 하고, 대상과 하나가 되는 근본 집중을 해서 고요함을 얻는다. 그러나 연기를 회전시켜 윤회계에서 벗어나지 못한다. 사마타는 색계, 무색계의 선정수행이기 때문에 그곳에 태어난다. 위빠사나는 번뇌를 억누르지 않고 그대로 말린다. 실재를 대상으로 하고, 대상을 분리해서 알아차리기 때문에 찰나집중을 하여 통찰지혜를 얻는다. 탐욕, 성냄, 어리석음이 일어나지 않아 연기가 끊어져서 태어남이 없다. 연기가 회전하면 윤회의 괴로움이 있지만, 연기가 회전하지 않으면 번뇌가 불타서 지고의 행복을 얻는다.

수행은 재미있어야 한다. 감각적 쾌락의 재미가 아닌 집중
에 의한 고요한 재미가 있어야 한다. 그러기 위해서는 일정
기간 몸을 만드는 인내가 필요하다. 몸이 만들어지면 마음
이 들떠서 돌아다니지 않는다. 그러나 집중을 위해서 수행
을 해서는 안 된다. 알아차림을 지속한 결과로 자연스럽게
집중이 되도록 노력해야 한다. 수행이 재미가 있으면 졸지
않고, 수행을 포기하지 않는다. 집중을 하려면 수행이 잘
안 되는 것을 받아들여야 한다. 그리고 대상의 고유한 성품
을 보아야 한다. 차츰 모든 대상은 변하며, 대상을 보는 마
음도 변하는 것을 알면 재미가 괴로움으로 바뀐다. 이것은
괴로움의 진리를 아는 것으로 수행이 발전한 것이다.

모르는 것보다
잘못 아는 것이 더 장애다.

모르면 배우려고 하는데, 잘못 알면 생각을 바꾸지 않는다.
그래서 모르는 것보다 잘못 아는 것이 더 무지하다.

151

망상은 알아차릴 대상이지 없애야할 대상이 아니다. 평생을 하고 살아온 것이 망상인데 알아차린다고 해서 완전히 사라지지 않는다. 망상을 알아차리면 즉시 사라진다. 알아차리는 마음이 새로 일어났기 때문이다. 그러나 알아차림이 정확하지 않고, 알아차림을 지속하지 못하기 때문에 사라진 망상이 되살아난다. 망상을 없애려고 하는 것이 욕망이며, 없애려고 해서 없어지지 않으면 화를 낸다. 이것이 어리석음의 전형이다. 망상이 나타날 때마다 알아차리면 알아차린 만큼 힘이 커진다. 열 번 알아차리면 열 번 힘이 커지고, 백 번 알아차리면 백 번 힘이 커진다. 알아차리는 힘이 커지면 번뇌가 자연스럽게 사라진다.

지금보다 더 잘살고 싶고, 더 좋은 세상에서 살고 싶은 것
이 존재에 대한 갈애다. 그러나 잘살아도 괴롭고, 더 나은
세상에서 살아도 괴롭기는 마찬가지다. 윤회를 벗어나지
못하면 누구나 어리석게 산다. 만족한다고 잘사는 것이 아
니다. 알아차리는 것이 잘사는 것이다. 행복은 오직 현재에
있으며, 알아차리면 번뇌가 들어오지 못한다.

무엇이 옳은지 알고, 알았으면 실천하고, 버릴 것은 버려야
한다. 버린 자리에서 새싹이 난다.

154

모르는 것보다 잘못 아는 것이 더 장애다. 모르면 배우려고 하는데, 잘못 알면 생각을 바꾸지 않는다. 그래서 모르는 것보다 잘못 아는 것이 더 무지하다. 몰라서 무지한 것은 개선될 수 있지만, 사견을 가진 무지는 개선하기가 어렵다. 단순한 무지는 통찰지혜 수행을 해서 고통뿐인 세상을 벗어날 수 있지만, 유신견, 상견, 단견을 가진 무지는 영원히 고통에서 벗어날 수 없다. 바람직한 앎은 모르는 것을 아는 것이다. 그래야 비로소 모르는 것에서 벗어난다.

155

세상은 세상의 방식이 있고, 진리는 진리의 방식이 있다. 세상에서 성공하기 위해서는 세상의 방식이 필요하고, 진리를 성취하기 위해서는 진리의 방식을 따라야 한다. 세상의 방식으로 진리를 성취할 수 없고, 진리의 방식으로 세상에서 성공할 수 없다. 진리가 있어도 세상을 원하면, 세상의 방식으로 살아야 한다. 그러면 진리가 세상속으로 숨어버린다. 세상에 살더라도 진리를 원하면, 진리의 방식으로 살아야 한다. 그러면 세상이 진리로 귀속된다. 자신의 마음 안에 세상의 무지와 진리의 지혜가 함께 있다. 선택은 자신의 마음이 한다.

156

충고는 비난이 아니다. 악한 의도를 가지고 나쁘게 말하는 것이 비난이다. 악한 의도로 비난하는 것도 받아들여야 하거늘, 하물며 충고를 받아들이지 못한다면 선하다고 할 수 없다. 자아가 강한 사람은 충고도 비난으로 알기 때문에 스스로 어리석음을 재촉한다.

충고를 할 때 비난하는 것처럼 말하지 마라. 상대의 입장을
무시하고 옳은 것만 말하면 충고로 받아들이지 않고 비난
으로 받아들인다. 충고할 때 훈계를 하는 것처럼 억압하면
상대가 충고를 수용하지 않는다. 자신의 감정을 개입시키
면 진정한 충고가 아니다. 오히려 자신의 오만을 드러낼 수
있다. 충고를 비난으로 받아들이는 것도 잘못이지만, 충고
를 비난으로 알게 하는 것도 잘못이다. 충고를 할 때는 먼
저 상대의 입장을 배려하는 관용과 자애가 있어야 한다. 그
렇지 않다면 충고하지 말아야 한다. 비난을 하는 것이기 때
문이다.

맞수가 아니면 무관심하고, 맞수끼리는 미워한다. 한 수 위면 미워하지 않고, 두 수 위면 이해한다. 완전한 수는 있는 그대로 본다. 수가 높으면 지혜가 높다.

매우 큰일도 일어났다가 사라진다. 아주 사소한 일도 일어났다가 사라진다. 크건 작건 똑같이 일어났다가 사라지는 것밖에 없다. 크고 작다는 것은 관념이다. 마음먹기에 따라 큰일이 작은 일이 될 수도 있고, 작은 일이 큰일이 될 수도 있다. 모든 일의 실재는 일어났다 사라지는 것밖에 없다. 이것이 무상을 보는 법념처 수행이다.

160

새로운 날이 밝았다. 오늘은 일생에 한번밖에 없는 날이다. 어제는 이미 사라져버렸고, 내일을 아직 오지 않았다. 오직 실재하는 것은 지금 여기에 있는 이 순간이다. 그래서 이 순간이 가장 진실하다. 살아있는 것을 감사하게 여겨라. 소중한 시간을 헛되이 보내지 말고, 조용히 몸과 마음을 알아차려라. 이것이 오늘을 사는 최상의 선택이다. 시간이 늘 있는 것이 아니며, 더욱이 알아차리는 시간은 항상 부족하다. 오랜 무명의 잠에서 깨어나라. 알아차리는 것이 가장 큰 행복이다.

161

마음은 흐르는 물이고, 스쳐지나가는 바람이고, 흔들리는 갈대다.

162

수행이 안 된다고 불평을 해도 들어줄 사람이 없다. 수행은 남이 도울 수 없으며, 스승이 해결해줄 수도 없다. 수행은 오직 스스로 하는 것이다. 들어줄 사람도 없는 불평을 하지 말고, 불평하는 마음을 알아차려야 한다.

163

의도가 행위를 일으키고, 행위를 하면 결과를 받는다. 이것이 업의 과보며, 세간의 질서이다. 업의 과보가 있어 윤회하는 세계에 머문다. 의도가 일어나지 않아, 행위가 없으면 결과가 없다. 이것이 속박에서 벗어난 출세간의 질서다. 업의 과보가 없으면 윤회하는 세계가 끝난다.

164

위빠사나 수행의 궁극의 목표는 있는 그대로 보아 대상의 실재를 아는 것이다. 있는 그대로 볼 때만이 무상, 고, 무아를 알 수 있다. 초보수행자는 있는 그대로 보기가 어렵다. 수행의 집중력이 생겨야 조금씩 있는 그대로 볼 수가 있다. 차츰 수행의 지혜가 생기면 있는 그대로 보는 힘이 커지며, 아라한이 되어야 완전하게 있는 그대로 본다. 있는 그대로 보기 위해서는 항상 현재로 와야 하며, 밖에 있는 것을 대상으로 하지 않고 자신의 몸과 마음을 알아차려야 한다. 어떤 선입관도 없이, 바라거나 없애려는 마음 없이 지켜봐야 한다. 대상과 하나가 되어서는 안 되며, 반드시 대상을 분리해서 알아차려야 있는 그대로 본다.

165

도덕적인 규범으로 마음이 고요하게 살아야 바르게 사는 것이다. 얻고서 괴롭지 않으려면 바른 마음가짐을 가지고 과정을 중요히 여겨야 한다. 결과를 집착하면 일하는 과정이 나빠져 좋은 결과를 얻을 수 없다.

166

세상의 모든 일에는 순기능과 역기능이 함께 있다. 좋은 일에도 순기능만 있지 않고 역기능이 함께 있으며, 나쁜 일에도 역기능만 있지 않고 순기능이 함께 있다. 즐거울 때 감각적 쾌락에 빠져 더 나빠질 수 있으며, 괴로울 때 지혜가 나서 더 좋아질 수도 있다. 무엇이나 완전한 것이 없으므로 있는 그대로 알아차려야 한다. 대상을 알아차릴 때만이 중도가 되어 바른 기능을 한다.

위빠사나 수행에서 몸을 알아차릴 때 몸은 명칭에 불과하며, 알아차릴 대상은 몸의 4대요소다. 몸은 존재를 나타내는 관념으로 단지 부르기 위한 명칭이다. 몸을 알아차릴 때 몸에 있는 느낌인 지수화풍地水火風을 대상으로 삼는다. 몸은 존재며 관념이고, 느낌은 인식하는 실재다. 존재는 사마타 수행의 대상이고 인식은 위빠사나 수행의 대상이다. 존재에는 느낌이 없어 존재하는 것들의 속성인 무상, 고, 무아를 알 수가 없다. 존재가 가지고 있는 인식은 느낌이라서 무상, 고, 무아의 속성을 알 수가 있다. 몸을 알아차릴 때는 몸이 가지고 있는 4대요소인 지수화풍으로 보지 않으면 궁극의 법을 볼 수가 없다.

168

지식은 완전하게 아는 것이 아니라서 허약하고 변절하기가 쉽다. 지식은 실리를 추구하므로 이익에 따라 마음을 바꾼다. 지혜는 완전하게 아는 것이라서 튼튼하고 변절하지 않는다. 지혜는 이치를 추구하므로 쉽게 마음을 바꾸지 않는다. 범부는 지식을 얻으려 하지만 수행자는 지혜를 얻으려 한다.

169

사랑한 만큼 괴롭고, 이상이 높은 만큼 좌절한다. 사랑도 한순간의 마음이고, 이상도 한순간의 마음이다.

태어나면 늙고 병들어서 죽기 때문에 사는 것이 매우 고통
스럽다. 죽는다고 해서 끝난 것이 아니다. 어리석게 죽으면
다시 태어나서 같은 고통을 되풀이해야 한다. 이와 같은 삶
이 연속된다면 태어남이 결코 좋은 것은 아니다. 갈애를 소
멸시켜 태어나지 않는 것이 가장 위대한 태어남이다. 인간
으로 태어난 궁극의 목표는 열반을 성취하여 번뇌를 끊는
것이다. 여기에 태어남의 진정한 의미가 있다. 이 길은 역
대의 모든 부처님과 아라한들 많은 성자들이 가신 성스러
운 길이다. 태어나기 어려운 인간으로 태어났으면 오직 이
길을 가기 위해서 살아야 한다.

171

누구나 실수를 하고, 다시 같은 실수를 되풀이 한다. 실수 한 것을 후회하면 똑같은 실수를 되풀이 하지만, 실수한 것을 알아차리면 계속되는 횟수가 줄어든다. 후회하는 것으로는 실수를 고칠 수 없으며, 실수한 것을 알아차리면 반복하는 빈도가 줄어든다. 실수한 것을 괴로워하지 말고, 알아차리는 것으로 그쳐야 한다. 후회와 알아차림의 차이는 무지와 지혜의 차이다. 범부는 실수를 하고 후회하지만 수행자는 실수를 하고 알아차린다. 후회하면 연기가 돌아가지만 알아차리면 연기가 회전하지 않는다.

172

나는 싫다고 하지만 내가 싫은 것이 아니고 습관이 싫어한다. 싫어하는 마음은 나의 마음이 아니고 강물처럼 흘러가는 마음이다. 나는 좋다고 하지만 내가 좋아하는 것이 아니고 습관이 좋아한다. 좋아하는 마음은 나의 마음이 아니고 강물처럼 흘러가는 마음이다.

173

모든 것은 일어나서 사라진다. 일어나서 사라질 때까지 지속되는 시간이나, 일어남과 사라짐의 크기가 모두 다르더라도 일어나서 사라지는 것은 같다. 보이는 물질이나 보이지 않는 정신이나 모두 똑같이 일어나서 사라진다. 일어나서 사라지는 것은 항상 하지 않다. 항상 하면 자아가 있고, 항상 하지 않아서 무상과 무아다. 정신과 물질의 실재하는 성품은 일어나서 사라지는 무상만 있다. 정신과 물질은 있지만 이것들의 실체는 없다. 일어나서 사라지기 때문이다. 정신과 물질은 있지만 그 순간의 정신과 물질만 있다. 이것들은 조건에 의해 매순간 끊임없이 변하기 때문이다. 바로 이것을 실체가 없다고 한다.

174

원수를 원수로 삼고 사는 사람이 있다. 원수를 계속해서 미워하면 영원히 원수로 산다. 이 고통은 고스란히 자신이 받는다. 무지하면 내가 있고 알아차림이 없다. 원수를 은인으로 알고 사는 사람이 있다. 원수를 알아차려서 지혜를 얻으면 원수가 은인이다. 이 자유는 고스란히 자신이 받는다. 지혜가 있으면 내가 없고 알아차림이 있다. 무지와 지혜는 한 순간의 마음이지만 그 간격은 측량하기가 어렵다.

175

마음은 대상을 아는 것으로는 하나지만 두 개의 마음이 교차하면서 일어난다. 선한 마음이 일어났어도 뒤에 선하지 못한 마음이 일어난다. 머리로는 하려고 하는데 가슴에서 말을 듣지 않는 것은 이성적인 마음과 감성적인 마음이 교차하기 때문이다. 마음이 기복이 심한 것은 뒤에 일어난 마음이 앞선 마음과 다르기 때문이다. 마음은 조건에 따라 변하므로 자신의 마음을 책임질 수 없다.

같은 잘못을 되풀이 하면 잘못이라고 자각하지 못한 것이다. 습관대로 살면 잘못한 일을 당연한 것처럼 생각한다. 바로 이것이 무지다. 잘못이라고 알아도 똑같은 잘못을 되풀이 하면 아직 지혜가 나지 않은 것이다. 축적된 성향대로 살면 영원히 잘못을 고칠 수 없다. 바로 이것이 무지다. 잘못을 개선하려면 있는 그대로 알아차려서 지혜를 얻어야 한다. 모든 일은 항상 그렇게 할 만한 조건이 성숙되어서 그렇게 한다. 그러므로 잘못된 일을 할 만한 원인을 만들지 말아야 한다. 잘못을 일으킬 원인이 될 만한 일은 생각하거나, 쳐다보거나, 말하지 말고, 자리를 함께 하지도 말아야 한다. 수행자는 혼자서 자기의 길을 가야한다.

177

알아차리되 단지 대상이 있어서 알아차리는 것으로 그쳐야 한다. 바르게 알아차릴 때는 대상을 겨냥하는 알아차림과 그것을 아는 마음만 있다. 대상과 아는 마음만 있을 때는 어떤 번뇌도 침투할 수 없다. 그러므로 어떤 결과를 기대하고 알아차려서는 안 된다. 결과를 바라는 마음이 일어나면 갈애가 일어나서 즉시 생각에 빠진다. 알아차리는 순간에는 청정하지만 알아차린 결과가 청정한 것이지, 청정 그 자체는 수행의 대상이 아니다.

178

나는 누군가의 도움으로 살고 있다. 아침에 일어나서 저녁에 잠자리에 들 때까지 누군가가 노력해서 이룩한 것들의 도움으로 살고 있다. 수행자는 내가 여기 있다고 자신을 드러내지 말고 그 많은 누군가의 하나로 살아야 한다.

179

모든 괴로움의 근본원인이 무명과 갈애지만 더 깊은 곳에
서 근본원인을 조정하는 범인이 있다. 바로 자아가 있다고
하는 유신견이다. 유신견은 나의 몸이라는 생각, 나의 마음
이라는 생각이다. 누구나 내가 있다고 하는 순간부터 갈애
와 집착으로부터 자유로울 수 없다. 유신견은 더 나아가 내
남편, 내 아내, 내 자식, 내 가족, 내 나라로 영역을 넓혀 나
간다. 그래서 개인의 고통이 가족의 고통으로, 사회의 고통
으로 발전한다. 없는 나를 있다고 하는 것이 무명이며, 없
는 나를 없다고 아는 것이 지혜다. 지혜는 생각으로 알 수
없고, 오직 몸과 마음을 알아차리는 위빠사나 수행을 통해
서만 얻을 수 있다.

180

괴롭지 않기를 바라지 말고, 괴로움을 없애려고 하지 마라. 괴롭지 않기를 바라서 더 괴롭고, 괴로움을 없애려고 해서 더 괴롭다. 괴로움이 있는 것을 아는 지혜가 나야 괴로움의 원인이 갈애라는 것을 안다. 갈애가 원인이라고 아는 지혜가 나야 괴로움의 소멸인 열반의 지혜를 안다. 열반에 이르는 지혜를 아는 것이 팔정도 위빠사나의 지혜이다. 괴로움이 있는 것을 아는 것이 고제이며, 괴로움의 원인을 아는 것이 집제이며, 괴로움의 소멸을 아는 것이 멸제이며, 괴로움의 소멸에 이르는 길이 도제이다. 네 가지의 성스러운 길은 깨달음을 얻은 성자들이 가는 길이다.

아라한의 도과는 있어도
아라한이 된 자는 없다.

아라한은 느낌만 있고 갈애가 없어
원인과 결과가 사라진 마음만 있다.
죽음이란 호흡이 일어나서 사라지고 다시 일어나지 않는 것이다.
마음은 매순간 일어나고 사라지면서 과보가 생명을 이어갈 뿐이지
자아가 있어서 상속되는 것이 아니다.
원인과 결과가 있으면 윤회하고, 원인과 결과가 없으면 윤회하지 않는다.
내가 윤회하지 않는다고 아는 것이 생명에 대한 바른 견해다.

181

느낌에는 즐거운 느낌과, 괴로운 느낌과, 덤덤한 느낌이 있다. 알아차림이 없는 덤덤한 느낌은, 무지의 느낌이라서 괴로움이 있다. 알아차림이 없는 덤덤한 느낌은, 비록 중립의 느낌이라고 할지라도 무지에 뿌리를 두고 있기 때문에 불선행이 잠재해 있는 느낌이다. 알아차림이 있는 덤덤한 느낌은, 선한 느낌이라서 즐거움이 있다. 알아차림이 있는 덤덤한 느낌은, 온전한 중립의 느낌이라서 선에 뿌리를 두고 있기 때문에 선행이 잠재해 있는 느낌이다. 덤덤한 느낌에 알아차림이 있느냐, 없느냐에 따라 선한 느낌과, 불선한 느낌으로 나뉜다. 선한 느낌은 갈애를 일으키지 않지만, 불선한 느낌은 갈애를 일으켜 윤회의 수레바퀴를 돌린다.

수행의 목표는 오직 하나, 번뇌로부터 자유로워지는 것이다. 이런 목표로부터 벗어나면 바른 견해가 아니다. 수행자는 세속의 사고방식이 아닌 출세간의 사고방식을 가져야한다. 바른 견해를 갖기 위해서는 생각으로 사물을 보아서는 안 된다. 반드시 깨달음을 얻은 자의 가르침으로 사물을 보아야 한다. 그렇지 않고서는 오래 동안 가져온 잘못된 견해로부터 벗어나지 못한다. 수행을 해서 얻는 지혜는 물질적으로 잘사는 것과 다르다. 이것을 구별하지 못하면 아직 수행이 무엇인지 모르고 단지 생각으로 말하는 것이다.

잘못한 것을 후회하지마라. 잘못했으면 잘못한 것을 알아차려라. 잘못해봐야 바른 것의 가치를 안다. 범부는 잘못한 것을 후회하고 또 잘못을 되풀이 하지만 수행자는 잘못한 것을 알아차리고 같은 실수를 되풀이 하지 않는다.

괴로울 때는 괴로움을 알아차리는 마음으로 바꾸어야 한다. 괴로움을 대체하는 유일한 대안은 있는 그대로 알아차리는 것이다. 이것이 괴로움을 해결하는 가장 효과적인 방법이다. 괴로움으로부터 도피하면 영원히 괴로움의 지배를 받는다. 괴롭다고 감각적 쾌락을 추구하지 마라. 감각적 쾌락은 일시적인 최면효과다. 괴로움을 죽음으로 대체하지 마라. 자살은 살생으로 어리석은 선택이다. 자살로 괴로움이 끝나지 않는다. 자살은 새로운 고통의 시작이다. 자살을 하면 다시 태어나서 더 가혹한 과보를 받는다. 괴로움은 나의 것이 아니다. 한순간의 느낌일 뿐이다. 지금, 괴로워하고 있는 자신의 마음을 조용히 지켜봐라.

185

괴로움은 만족할 수 없어서 일어난다. 괴로울 때 괴로운 마음을 알아차리면 불만족이 순간적으로 사라진다. 왜냐하면 지켜보는 마음이 새로 일어났기 때문이다. 알아차리는 마음이 지속되지 않으면 사라진 괴로움이 다시 나타난다. 그래서 먼저 알아차리고, 다음에 알아차림을 지속해야 비로소 알아차리는 것이다.

186

좋아한 만큼 밉고, 바란 만큼 괴롭다. 감각적 욕망은 끝이 없는 것이라서, 미워하고 괴로운 것이 세상의 일이다.

즐거울 때는 즐거워하는 마음을 알아차려라. 그리고 즐거움으로 인해 일어난 가슴의 느낌을 알아차리거나 조용히 호흡을 지켜보아야 한다. 즐거움이 지나치면 탐욕이 일어난다. 괴로울 때는 괴로워하는 마음을 알아차려라. 그리고 괴로움으로 인해 일어난 가슴의 느낌을 알아차리거나 조용히 호흡을 지켜보아야 한다. 괴로움이 지나치면 돌이킬 수 없는 절망에 빠진다. 심심할 때는 심심한 마음을 알아차려라. 그리고 심심한 것으로 인해 일어난 가슴의 느낌을 알아차리거나 조용히 호흡을 지켜보아야 한다. 심심한 것이 지나치면 무지가 커진다. 수행자는 어느 것이나 나타난 대상을 있는 그대로 알아차려야 한다.

우연히 사는 것이 아니다. 마음 먹은 대로 살고, 행한 대로
살고, 본대로 살고, 들은 대로 산다.

189

옛날 같기를 바라지 마라. 시절도 변하고 마음도 변했다.
현재 있는 그대로가 가장 진실한 것이다.

190

괴로우면 한순간이 십년 같고, 즐거우면 십년이 한순간 같
다. 마음이 시간을 만든다.

사는 것이 괴로움이라고 아는 것은 지혜가 난 것이다. 그러나 이런 지혜가 나고서도 내가 괴롭다고 알기 때문에 고통으로부터 벗어나지 못한다. 그래서 무아無我의 지혜가 나지 않는 한 완전한 지혜가 아니다. 자신의 몸과 마음이 괴로움이라는 것을 모르는 것은 어리석음이 눈을 가렸기 때문이다. 몸과 마음이 나의 소유가 아니고 단지 조건에 의해 일어나고 사라지는 것이라는 것을 모르는 것도 어리석음이 눈을 가렸기 때문이다. 몸과 마음이 괴로움이라는 것을 알고, 이것이 내가 아니라고 알면 다시 태어나는 업을 만들지 않는다. 그러나 이것을 좋은 것이라고 집착해서 다시 태어나고 싶어 한다. 이것이 어리석음이다.

192

사람들은 무조건 자기의 기분부터 말한다. 아무 때나 자기 기분을 말하지 마라. 자기 기분을 밝히면 상대의 기분을 해칠 수 있다. 자기 기분을 알아차리면 상대의 기분을 해치지 않는다. 그러면 나도 좋고 상대도 좋다.

193

세상의 부귀영화는 저의 것이 아닙니다. 부질없는 꿈은 바라지 않습니다. 세상의 영화란 얻지 못해서 괴롭고, 얻으려고 잘못을 저질러서 괴롭고, 얻으면 달아날까봐 괴롭고, 더 많이 얻고 싶어서 괴롭습니다. 제게 주어진 것이면 어떤 것이나 모두 감사하게 여기겠습니다. 그것이 고통이라도 좋습니다. 올 것이 왔다면 피하지 않겠습니다. 진정한 꿈은 정법 수행을 하는 것입니다. 만나기 어려운 법을 만나는 것이나, 하기 어려운 수행을 하는 것 보다 더 큰 기쁨이 어디 있겠습니까?

수행자는 원인을 알려고 하지 말아야 한다. 단지 대상을 알아차리는 것으로 그쳐야 한다. 만약 원인을 알려면 대상을 알아차린 결과로 자연스럽게 알아야 한다. 그래야 무엇이 확실한 원인인지 알 수 있다. 생각으로 원인을 알려고 하면 알아차림을 놓치며, 그렇게 안 원인은 정확하지가 않고 고정관념에 의한 판단이라서 객관적이지 못하다. 원인은 너무 많아서 모두 헤아리기가 어렵다. 그래서 정확한 원인이 무엇이냐를 알아야 한다. 정확한 원인은 수행을 해서 지혜가 나야 비로소 알 수 있다. 알아차리면 지혜가 생기고, 지혜가 생기면 모든 것의 근본원인이 자신의 무명과 갈애라는 것을 안다. 이런 지혜가 나야 집착을 하지 않는다.

위빠사나 수행이 깨달음을 얻는 유일한 길이라는 것은 이 수행을 해야만 해탈의 지혜를 얻기 때문이다. 위빠사나 수행의 대상은 몸과 마음이다. 몸과 마음은 경험할 수 있는 실재라서 가장 진실한 것이다. 실재가 아닌 관념은 증명할 수 없으며 실답지 못해 출세간의 진실이 아니다. 위빠사나 수행은 현실에 기초하며 초월적인 것을 대상으로 하지 않는다. 불교에서 말하는 전생과 내생은 다만 현재의 몸과 마음이 어디서 와서 어디로 가는가를 설명하기 위한 수단이지 그것 자체가 수행의 목적이 아니다. 생명이 존재하는 지옥과 천상을 말하는 것도 생명의 원인과 결과를 설명하기 위한 것이지 그것 자체를 말하기 위한 것이 아니다.

인간은 분화하는 속성을 가졌다. 개인이나 집단으로 끊임없이 분화하면서 발전과 퇴보를 한다. 마음은 일어나고 사라지면서 한곳에 머물지 않고 새로운 것을 찾는다. 변화를 두려워하면서도 변화를 추구한다. 마음의 속성을 알면 마음에 구속되지 않는다.

바라지 않고 어떻게 사느냐고 말하지 마십시오. 지금까지
는 바라고 살아서 이룬 것도 있지만, 손해 본 것이 더 많습
니다. 이룬 것에 만족하지 못하고 계속해서 바라는 마음으
로 살기 때문에 괴로움뿐인 윤회를 합니다. 바라는 마음이
있으면 반드시 집착을 합니다. 처음에는 사소하게 바라는
마음으로 시작한 것이 차츰 커져서 탐욕으로 발전합니다.
탐욕은 불선심입니다. 불선심이 욕망을 일으켜 나쁜 과보
를 받아서 고통이 따릅니다. 이제는 잘 살 수 있는 새로운
방법을 찾아야 할 때입니다. 바라고만 산 사람은 바라지 않
고 사는 것이 얼마나 자유롭고 행복한지 모릅니다. 바라지
않을 때가 가장 진실하며 더 많은 이익을 얻습니다.

몸을 알아차리면 몸이 가지고 있는 성품을 안다. 몸의 성품
을 알면 몸을 지켜보는 마음의 성품을 안다. 몸을 알아차리
는 집중력이 생기면 마음이 자연스럽게 드러난다.

본능은 억제할 대상이 아니다. 단지 알아차릴 대상이다. 본
능은 억제하려고 한만큼 더 강해진다. 개입하면 실패하고,
지켜보면 성공한다. 수행이 실패하는 이유는 본능을 억제
하기 때문이다.

200

바라는 마음이 없기를 바라지 마라. 바라지 않으려고 하는 것은 또 다른 바람이다. 바라는 마음이 일어났을 때는 단지 바라는 마음이 일어난 것을 알아차려야 한다. 잘못되었다고 해서 바꾸려하는 것은 근본적인 해결책이 아니다. 나타난 대상을 그냥 있는 그대로 알아차리는 것만이 가장 지혜로운 방법이다. 이것은 지금까지 누구도 경험하지 못한 붓다의 가장 고귀한 처방이다. 욕심을 부렸을 때는 '욕심을 부렸구나' 하고 알아차려야 한다. 화를 냈을 때는 '화를 냈구나' 하고 알아차려야 한다. 어리석은지 알았을 때도 '어리석었구나' 하고 알아차려야 한다. 그러면 된 것이다. 일어난 것을 알아차렸으면 바람처럼 흘러가라.

산 너머로 홍시처럼 붉은 태양이 쑥쑥 내려간다. 그 모습이
너무 아름다워서 슬프다. 산에는 이내 어둠이 내린다. 정적
이 깊어지고 조잘거리던 새소리도 사라졌다. 인적이 끊긴
산길, 어둠이 내려앉은 고요한 산길이 그냥 슬프다. 해가
지고 어둠이 오면 이토록 처연해지는 것을 이제는 알겠다.
해가 지면 방랑자는 쉴 곳이 없다. 나는 언제나 방랑자였다.
휘청거리는 걸음으로 어디로 가야 하는가, 지금은 어디로
가고 있는가. 이 한 몸을 어딘가에 뉘일 수는 있겠지만 이
마음을 쉬게 할 곳이 없다. 해가 지고 어둠이 오면 어둠처
럼 죽어야 하는 슬픔이 있다. 그래서 어두운 산길은 늘 슬
프다. 슬픔이 사무치면 알아차려도 더 슬프다.

지방색이라는 안경을 쓰면 대상을 바로 보지 못하고 눈이
먼다. 지방색으로 보면 무조건 동지가 되고 동지가 아니면
적으로 분류한다. 이런 고정관념은 일을 그르치고 지성을
황폐화시켜 평화를 파괴한다. 사랑, 종교, 사상이라는 안경
을 쓰면 눈이 먼다. 이런 안경을 쓰면 자신이 옳다는 독선
에 빠진다. 어리석은 자는 이런 안경 속에 숨어서 진실을
왜곡하고 세상을 혼란스럽게 한다. 이것들은 하나같이 모
두 관념이며, 이런 관념을 알아차리는 것을 실재라고 한다.
위빠사나 수행은 관념의 안경을 쓰지 않고 지혜의 눈으로
대상을 있는 그대로 본다.

203

사랑하기 때문에 말하는 충고는 비난이 아니다. 사랑하지만 화를 내면서 말하면 비난을 하는 것이다. 진정으로 사랑한다면 상대를 이해하고 다정하게 말해야 한다. 사랑하지만 화를 내면서 말하면 사랑이 아니고 욕망이다. 사랑은 비난하지 않고, 화를 내지 않고, 욕망으로 하지 않는다.

204

바른 마음가짐이란 이치에 맞게 숙고하는 것이다. 정신과 물질이 조건에 의해 일어나서 조건에 의해 사라지는 것을 아는 것이 바른 마음가짐이다. 정신과 물질이 내가 아니고, 그 실체가 없다고 아는 것이 바른 마음가짐이다. 정신과 물질을 관념이 아닌, 있는 그대로 보는 것이 바른 마음가짐이다. 무명의 상태로는 바른 마음가짐을 갖기 어렵다. 믿음을 가지고 알아차려서 지혜가 나야 바른 마음가짐을 가진다.

몸은 있는 것이다. 몸이 나의 몸이라고 알면 잘못된 견해이다. 몸은 있지만 나의 몸이 아니고 단지 몸이라고 알면 바른 견해이다. 마음은 있는 것이다. 마음이 나의 마음이라고 알면 잘못된 견해이다. 마음은 있지만 나의 마음이 아니고 단지 마음이라고 알면 바른 견해이다. 잘못된 견해로 인해 갈애를 일으켜 괴로움뿐인 윤회를 계속한다. 바른 견해로 인해 갈애가 끊어져 괴로움에서 벗어나 윤회가 끝난다. 잘못된 견해를 가지면 살아온 습관대로 산다. 바른 견해를 가지면 위빠사나 수행의 지혜로 산다.

206

위빠사나 수행을 하려면 세 가지 기본 조건을 갖추어야 한다. 첫째, 스승이 있어야 한다. 둘째, 수행자가 있어야 한다. 셋째, 알아차릴 대상인 법이 있어야 한다. 이상 3가지 조건이 각각의 의무를 다해야 바른 수행을 할 수 있다. 스승의 의무는 자애와 인내를 가지고 수행자에게 알기 쉽게 설명하는 것이다. 그리고 자신의 견해를 줄이고 경전에 입각한 법을 펴야 한다. 또 자신의 말과 행동이 일치되도록 노력해야 한다. 수행자의 의무는 믿음을 가지고 스승의 가르침에 따라 노력하고 정직하게 보고해야 한다. 법의 의무는 와서 보라고 드러내는 것이므로 법이 드러내는 것을 있는 그대로 알아차려야 한다.

무명과 의심에서 해방되기 위해서는 원인과 결과를 알아야
한다. 어리석기 때문에 원인과 결과를 몰라서 잘못된 견해
를 갖지만, 원인과 결과를 알면 잘못된 견해가 생기지 않는
다. 잘못된 견해인 유신견, 상견, 단견은 모두 원인과 결과
를 부정하기 때문에 생긴다. 내가 있다고 하는 유신견은 원
인과 결과를 부정하고 나를 이끄는 자아가 있다고 생각한
다. 항상 하다는 상견은 원인과 결과를 부정하고 정신과 물
질이 변하지 않고 영원하다고 생각한다. 이생으로 끝이라
고 하는 단견은 원인과 결과를 부정하고 허무하다고 생각
한다. 모든 것은 원인이 있어서 결과가 생긴다. 이 말은 원
인이 없으면 결과가 없다는 것을 뜻한다.

208

최상의 가르침은 믿음을 강요하지 않는다. 다만 몸과 마음을 알아차려서 확신에 찬 믿음을 가질 수 있도록 한다. 최상의 가르침은 원인과 결과를 말한다. 원인이 있으면 결과가 있고, 원인이 없으면 결과가 없다. 최상의 가르침은 대상을 있는 그대로 본다. 탐욕, 성냄, 어리석음 없이 단지 대상으로 알아차린다.

209

아라한의 도과는 있어도 아라한이 된 자는 없다. 아라한은 느낌만 있고 갈애가 없어 원인과 결과가 사라진 마음만 있다. 아라한은 바라는 것이 없기 때문에 받을 것이 없어 다시 태어나지 않는다. 아라한은 죽어서 어디로 가지 않는다. 원인이 소멸하여 결과가 사라진 것이다. 죽음이란 호흡이 일어나서 사라지고 다시 일어나지 않는 것이다. 마음은 매 순간 일어나고 사라지면서 과보가 생명을 이어갈 뿐이지 자아가 있어서 상속되는 것이 아니다. 원인과 결과가 있으면 윤회하고, 원인과 결과가 없으면 윤회하지 않는다. 내가 윤회하지 않는다고 아는 것이 생명에 대한 바른 견해다.

210

말과 문자는 관념이다. 말과 문자가 가지고 있는 의미가 실재이다. 사람들은 말이나 문자가 가지고 있는 진정한 의미를 알지 못하고 자기에게 어떤 이익이 있는가, 어떤 손해가 있는가, 자기를 비난하는가, 아니면 칭찬하는가, 하는 이해로 받아들인다. 이렇게 판단을 하면 관념으로 받아들이는 것이다. 말이나 문자가 갖는 객관성을 파악하지 못하고 자신의 유신견으로 판단하면 관념에 빠진다. 그렇다고 해서 관념을 무시하고 실재만 주장해서는 안 된다. 말이 필요 없고 문자가 필요 없는 것이 아니다. 세상은 이런 관념을 통해서 의사가 전달될 수밖에 없다. 그래서 관념을 통하여 실재를 보는 통찰지혜가 필요하다.

마음을 비우는 것은 관념이고, 알아차리는 것은 채움이며 실재다.

비운다는 것은 탐진치가 없는 마음을 말하나
무엇이란 것만 있고 어떻게 하는 것이 없다.
번뇌의 소멸을 위해 마음을 비우려 하기 보다
알아차리는 마음을 가져야 한다.
알아차리지 못하는 마음일 때는 감각적 쾌락을 추구하는 마음이거나,
극단적 고행을 하는 마음이거나, 아무 것도 모르는 무지의 마음이다.
대상을 알아차리는 마음일 때만이 탐욕, 성냄, 어리석음 없이 청정하다.

211

위빠사나는 능력을 얻는 수행이 아니고, 대상을 있는 그대로 보아 괴로움을 소멸시키는 지혜수행이다. 대상을 있는 그대로 보는 것은 대상을 관념으로 보지 않고 실재하는 성품을 보는 것이다. 몸을 알아차릴 때 몸의 모양이나 미추, 대소 등을 보는 것은 표피적인 것으로 관념을 보는 것이다. 그러나 몸에 있는 단단함과 부드러움, 뜨거움과 차가움, 진동을 보면 실재를 보는 것으로 지혜를 얻는다. 대상을 있는 그대로 보기 위해서는 대상과 하나가 되어서는 안 된다. 대상을 분리해서 볼 때만이 있는 그대로 볼 수 있다. 대상을 있는 그대로 보기 위해서는 대상에 대한 판단을 유예하고 단지 대상이 있어서 지켜보아야 한다.

212

필요해서 오고 필요가 없으면 떠난다. 자기가 필요해서 하는 것이 세상의 일이다. 오고 감을 집착하지 말고 그대로 두어야 한다.

213

범부는 자신이 누구인지 모른다. 그래서 내가 있다고 생각하여, 얻기 위해 잘못을 저지르며, 가지면 가진 만큼 교만하고, 알면 아는 만큼 자아가 강하다. 교만하고 자아가 강하면 괴롭다. 그래서 가져도 가진 것이 아니고, 알아도 아는 것이 아니다. 성자는 자신이 누구인지 안다. 그래서 내가 없다고 생각하여, 바람이 없이 구하며, 가져도 교만해지지 않고, 알아도 겸손하다. 이렇게 되었을 때만이 바르게 구하는 것이고, 바르게 가진 것이며, 바르게 아는 것이다.

$$\textbf{214}$$

마음을 비우는 것은 관념이고, 알아차리는 것은 채움이며
실재다. 마음은 알아차림으로 가득 채워야 한다. 그래야 번
뇌라는 도둑이 들어오지 못한다. 비운다는 것은 탐진치가
없는 마음을 말하나 무엇이란 것만 있고 어떻게 라는 것이
없다. 비운다는 것으로는 번뇌를 해결할 수 있는 구체적인
방법을 제시하지 못한다. 번뇌의 소멸을 위해 마음을 비우
려 하기 보다 알아차리는 마음을 가져야 한다. 알아차리지
못하는 마음일 때는 감각적 쾌락을 추구하는 마음이거나,
극단적 고행을 하는 마음이거나, 아무 것도 모르는 무지의
마음이다. 대상을 알아차리는 마음일 때만이 탐욕, 성냄,
어리석음 없이 청정하다.

215

나쁜 댓글을 올리는 것은 상대의 마음을 죽이는 살생이다. 잘못된 글을 올려서 읽게 하는 것은 남의 시간을 훔치는 도둑질이다. 모르는 것을 아는 척하면 거짓말을 하는 것이다. 닉네임에 숨어서 나쁜 짓을 하지만 자신의 마음은 알고 있다. 모르면 물어서 배워야 하고, 훌륭한 일에는 존경을 표해야 한다. 남을 비방하는 악한 말을 하면, 그 과보를 받아 괴롭게 산다. 나쁜 글은 올리지 말고, 나쁜 글은 읽지 말아야 한다.

216

누구나 하나같이 마음의 병을 앓는다. 선한 자는 선한 병을 앓고, 불선한 자는 불선한 병을 앓는다. 가진 자는 가진 자의 병을 앓고, 못 가진 자는 못가진 자의 병을 앓는다. 수행자는 수행자의 병을 앓고, 스승은 스승의 병을 앓는다. 알아차리는 마음에는 병이 없지만, 알아차리지 못하는 마음에는 병이 있다.

나쁜 일을 하는 것보다, 좋은 일을 하는 것이 좋다. 그러나 사람들은 좋은 일인 줄 알면서도 하지 못한다. 나쁜 습관이 더 많기 때문이다. 좋은 일을 할 때도 오직 좋은 일이기 때문에 해야 한다. 좋은 일을 하면서 남에게 보이기 위해서 하면 좋지가 않다. 그렇게 되면 오히려 좋은 일을 하고 오만해 질 수 있다. 좋은 일을 하면서 좋은 결과를 바라면 좋은 결과가 생기지 않는다. 그렇게 되면 탐욕으로 하는 것이라서 괴로움이 따른다. 좋은 일에 어떤 목적도 없을 때라야 비로소 온전하게 좋은 일이다. 가장 좋은 일은 해탈을 목표로 하는 수행을 하는 것이다. 그것이 모든 번뇌가 사라진 가장 고귀한 행복이기 때문이다.

218

한사람의 진정한 가치는 한평생을 살아야 조금 안다. 지혜
가 없으면 한평생을 살고도 모른다. 상대의 가치를 알았으
면 아는 것으로 그치지 말고 이제 상대를 위해 살아야 한다.
받기만 하고 주지 않으면 바르게 안 것이 아니다.

219

나이를 먹으면 경험이 많아지고, 경험이 많으면 지혜가 생
긴다. 어리석으면 경험을 하고도 잘못된 고집만 커진다. 평
생 욕심 부리고도 죽을 때까지 욕심을 부리고, 평생 미워하
고도 죽을 때까지 미워한다. 어리석으면 습관으로 살고 잘
못을 알아차리지 못한다.

태어나면 반드시 죽어야 한다. 태어남이란 죽기 위한 것이다. 죽음은 자연스러운 일이므로 언제나 맞이할 준비를 해야 한다. 훌륭한 죽음은 몸과 마음에 대한 집착이 없는 것이다. 몸과 마음을 집착하면 과보가 생겨 다시 태어나는 고통을 겪는다. 집착하지 않으면 과보가 없어 다시 태어나는 고통을 겪지 않는다. 다시 태어나지 않는 것이 죽지 않는 것이다. 나와, 내 가족을 집착하면 윤회계를 벗어나지 못한다. 내 몸과 마음은 나의 것이 아니고 단지 조건에 의해서 생긴 것이다. 내 가족도 나의 것이 아니고 조건에 의해 모여서 살다가 헤어지는 생명들이다. 저마다 이렇게 찾아 온 것은 그냥 가도록 내버려 두어야 한다.

221

병에는 마음의 병과, 몸의 병이 있다. 마음의 병이 몸의 병을 일으키고, 몸의 병이 마음의 병을 일으킨다. 마음이 아플 때 몸이 아프지 말아야 하며, 몸이 아플 때 마음이 아프지 말아야 한다. 서로가 영향을 받지 않기 위해서는 마음과 몸을 분리해서 알아차려야 한다. 두 가지가 분리되지 않고 하나가 되면 상승효과로 인해 더욱 나빠진다. 마음과 몸을 분리해서 알아차리면 서로의 힘이 약화되어 치유의 길이 있다. 마음을 알아차릴 때는 단지 마음을 알아차려야 하며, 몸을 알아차릴 때는 단지 몸을 알아차려야 한다.

222

생각하고, 말하고, 먹고, 행동하는 것이 모두 병을 일으키는 원인이다. 선하게 생각하고, 말하고, 먹고, 행동해야 한다. 계율로 생각하고, 말하고, 먹고, 행동해야 병이 걸리지 않는다. 대상을 있는 그대로 알아차리는 것이 선하고, 계율을 지키는 것이다.

마음은 비물질이라서 글이나 말로 표현하기 어렵고 이해하기도 어렵다. 마음은 무지와 지혜로 구별된다. 아는 마음과 모르는 마음의 차이는 산이 가로막히거나, 절벽으로 단절된 것과 같다. 모두 저마다의 생각을 말하기 때문에 무엇이 옳은지 구별하지 못한다. 모르면 옳게 말한 것을 그르다고 하며, 그른 것을 옳다고 한다. 그러므로 스승의 가르침을 받아야 하며, 스승의 가르침은 경전에 근거해야 한다. 사람은 진리를 알지 못하며, 상대의 지혜를 알지 못한다. 모르면 그냥 듣는 것이 유익하다. 모르는 것을 아는 것처럼 말하면 구업을 짓기 때문에 손실이 따른다.

힘을 가진 자가 힘을 남용하면 힘이 없는 자보다 불선과보
가 크다. 힘이 있는 자가 힘을 잘못쓰면 자신이나 남이 모
두 불행해진다. 힘은 남용하지 말고 바르게 사용해야 한다.

기대가 크면 욕망이 크다. 욕망은 만족할 수 없어 실망으로
끝난다. 기대나 실망은 사실에 상관없이 모두 자신이 만든
것이다.

아무리 좋은 것이 있어도 있는 것이 아니다. 좋은 것이 있
는지 알아야 실제로 있는 것이다. 법이 있지만 알지 못하면
법이 아니다. 행복이 있지만 모르면 행복할 수 없다. 행복
은 행복이 무엇인지를 아는 자의 것이다. 모르는 마음은 몰
라서 괴롭지만 아는 마음은 알아서 행복하다.

마음은 매순간 일어나고 사라져서 항상 죽음과 태어남이 함께 있다. 몸도 매순간 일어나고 사라져서 항상 죽음과 태어남이 함께 있다. 마음과 몸은 빠르게 진동하면서 끊임없이 일어나고 사라지기 때문에 한순간이 생일이고, 매일이 생일이며, 일 년이 생일이고, 평생이 생일이다. 윤회하는 세계에서는 죽음이 새로운 태어남으로 재생된다. 깨달음의 세계에서는 죽음이 없다. 바라는 마음이 사라져 태어날 과보가 없기 때문이다. 부처님께서 여신 불사不死의 문門은 죽은 뒤에 태어남이 없다. 태어남이 없으면 죽음이 없다.

높은 이상을 향해서 가되 최고에 취하지 마라. 하늘만 보고
가다가 수렁에 빠진다. 하늘만 있는 것이 아니고 땅도 있고
장애물도 있다. 하나만 보지 말고 전체를 보아야 한다. 있
는 것은 모두 실재이고, 실재는 항상 진실하다.

통증은 느낌이고, 느낌은 대상이다. 대상은 법이고, 법은
와서보라고 나타났다. 몸에 느낌이 나타난 것은 몸이 와서
보라는 것이다.

눈으로 수행을 하는 것이 아니다. 눈이 보고 그것을 아는 마음이 있어 수행을 하는 것이다. 귀로 수행을 하는 것이 아니다. 귀로 듣고 그것을 아는 마음이 있어 수행을 하는 것이다. 코로 수행을 하는 것이 아니다. 코로 냄새 맡고 그것을 아는 마음이 있어 수행을 하는 것이다. 혀로 수행을 하는 것이 아니다. 혀로 맛보고 그것을 아는 마음이 있어 수행을 하는 것이다. 몸으로 수행을 하는 것이 아니다. 몸이 부딪치고 그것을 아는 마음이 있어 수행을 하는 것이다. 수행은 감각기관이 하는 것이 아니고, 감각대상과 부딪쳤을 때 그것을 아는 마음이 한다. 수행은 마음이 일을 하는 것이며, 일하는 마음을 알아차리는 것이다.

사람이 태어날 때 누구나 네 가지의 마음을 갖는다. 첫째, 선심. 둘째, 불선심. 셋째, 과보심으로 선과보심과, 불선과 보심이 있다. 넷째, 무인작용심이다. 이상의 네 가지 마음이 있지만 마음은 한 순간에 하나만 있다. 그래서 선심이 있을 때는 불선심이 선심과 같아진다. 불선심이 있을 때는 선심이 불선심과 같아진다. 다시 선과보심이 있을 때는 불선과보심이 선과보심과 같아진다. 불선과보심이 있을 때는 선과보심이 불선과보심과 같아진다. 이 외에 단지 작용만하는 무인작용심이 있다. 위빠사나 수행의 알아차림을 하면 선심, 불선심, 과보심이 아닌 단지 작용만하는 마음이 되어 원인과 결과가 없는 마음이 된다.

느낌을 알아차릴 때만 대상의 실재하는 성품을 본다. 대상을 느낌으로 알아차리면 모양은 사라지고 성품만 있다. 존재하는 것들의 고유한 성품은 변하고, 불만족이며, 자아가 없다.

위빠사나 수행의 알아차림은 청정한 마음을 갖게 한다. 마음이 대상을 겨냥하는 순간에는 탐욕과 성냄이 들어올 수 없어 어리석지 않기 때문에 대상을 있는 그대로 본다. 그래서 몸과 마음이 오염되지 않는다. 알아차리는 순간에는 당당하다. 마음은 한 순간에 하나만 알기 때문에 대상을 겨냥하는 순간에는 다른 것을 의식하지 않는다. 그래서 대상으로 인해 위축되거나 두려움이 생기지 않는다. 알아차리는 순간에는 행복하다. 알아차릴 때는 과거나 미래로 가지 않고 오직 현재의 대상에 머물기 때문에 근심이나 슬픔이 일어나지 않는다. 근심과 슬픔이 없는 것이 행복이다. 인간은 알아차림 안에 있을 때 가장 안전하다.

234

사람으로 태어난 것은 선한 공덕의 과보를 받은 것이다. 선한 공덕이 없으면 지옥, 축생, 아귀, 아수라의 세계에 태어난다. 생명으로 태어난다는 것은 거의가 사악도에 태어남을 말하며 매우 적은 숫자만 사람으로 태어난다. 선한 공덕의 과보로 사람으로 태어났어도 불선행을 하면 다시 사람으로 태어날 수 없다. 선한 공덕의 과보로 사람으로 태어나서 선행을 하면 천상에 태어난다. 선한 공덕의 과보로 사람으로 태어나서 바라지 않는 공덕행을 하는 수행을 하여 갈애가 끊어지면 다시 태어나지 않는다. 갈애가 없으면 집착도 없어져 다시 태어날 요인이 사라진다. 갈애가 끊어져 집착이 사라진 것이 최상의 깨달음이다.

235

모든 생명은 분화分化하면서 소멸消滅한다.

인간에게는 세 가지 삶의 선택이 있다. 첫째, 불선하게 사는 것. 둘째, 선하게 살되 좋은 결과를 바라는 것. 셋째, 선하게 살되 좋은 결과를 바라지 않는 것이다. 선하게 살지 못하면 현재에도 지옥, 축생, 아귀, 아수라의 생명처럼 살고, 죽어서도 현재 경험한 세계인 사악처에 태어난다. 선하게 살되 좋은 결과를 바라면 인간으로 태어나거나 욕계천상이나 색계, 무색계의 천상에 태어난다. 선하게 살되 좋은 결과를 바라지 않으면 도과를 성취하여 윤회하는 생명의 세계로부터 벗어난다. 선하되 바라지 않는 길로 가기 위해서는 느낌이 고통이라고 알아서 갈애를 일으키지 않는 위빠사나 수행을 해야 한다. 이 길이 팔정도며, 중도의 길이다.

237

붓다의 핵심적 가르침에는 원인과 결과라는 것이 있다. 모든 것은 조건에 의해 상호 의존적으로 일어나고 사라진다는 것이다. 다른 하나는 사성제가 있다. 인간에게는 원래 괴로움이 있고, 괴로움의 원인은 집착이고, 괴로움이 소멸되는 열반이 있으며, 괴로움의 소멸에 이르는 길은 팔정도라는 것이다. 여기에는 괴로움이 있다는 세속과, 괴로움을 해결하는 출세간이 있다. 이러한 핵심적 교리는 붓다가 없는 것을 만들어낸 것이 아니다. 원래 세상에 있는 것이지만 모르고 있는 진리를 찾아 낸 것이다. 이것이 깨달음이다. 이러한 진리는 붓다가 말씀하셔서 진리가 아니고, 가장 고귀한 진리이기 때문에 붓다께서 말씀하신 것이다.

부처님의 가르침은 팔정도다. 팔정도는 인간이 살아가야 할 여덟 가지 바른 길을 말한다. 팔정도의 참 뜻은 중도이다. 이러한 중도를 실천하는 방법이 위빠사나 수행이다. 위빠사나 수행은 대상을 알아차려서 갈애를 일으키지 않는 것이다. 갈애가 일어나면 집착을 하게 되어 번뇌를 일으킨다. 결국 부처님의 가르침은 집착을 하지 말라는 것이다. 그것이 좋은 것이든, 나쁜 것이든, 어떤 것이든, 집착을 하지 말라는 것이다. 계율도 집착을 해서는 안 되며, 선정의 고요함도 집착을 해서는 안 되며, 지혜도 집착을 해서는 안 된다. 그러므로 바른 것들도 열반의 세계인 피안으로 건너가는 뗏목일 뿐이며 그것 자체가 목적이어서는 안 된다.

239

해와 달과 별이 뜨고 지는 것을 시키는 존재가 있는가? 바람이 불고 비가 내리는 것을 시키는 존재가 있는가? 사람이 태어나고 죽는 것을 시키는 존재가 있는가? 때가되면 꽃이 피고 지는 것을 시키는 존재가 있는가? 모든 것은 조건에 의해 일어나고 조건에 의해 사라진다. 이러한 존재의 실체는 조건이며, 원인과 결과다. 모르면 없는 것을 있다고 하고, 알면 없는 것을 없다고 한다. 모르면 미혹하여 두려움에 떨지만 알면 지혜가 있어 두려워하지 않는다. 없는 것을 토대로 삼지 말고 실재하는 진실을 토대로 삼아야 한다.

240

당신은 행복을 원하면서 불행을 향해서 가고 있다. 감각적 욕망을 추구하면서, 악한 의도를 가지고 산다. 일상은 게으름에 빠져있고, 들뜨고 의심에 가득 차 있다. 이러고도 행복할 수 있겠는가? 행복이 들어설 틈이 없다. 이제 행복이 들어올 빈자리를 만들어야 한다. 살아온 습관대로 살면 영원히 행복할 수 없다.

사형수를 죽인 사람은 누구인가?
사형수를 죽인 것은 집행관이다.

그러나 사형수를 죽인 것은 집행관이 아니다.
사형언도를 내린 판사가 죽였다.
그러나 판사가 사형수를 죽인 것이 아니다.
판결을 내리도록 한 국가의 형법이 죽였다.
그러나 사형수를 죽인 것은 국가의 형법이 아니다.
사형수를 죽인 것은 사형수의 행위이다.
그러나 사형수를 죽인 것이 사형수의 행위가 아니다.
사형수에게 행위를 하게한 사형수의 마음이다.

241

세상에서 가장 힘든 것이 사람을 상대하는 것이다. 사람을 상대한다는 것은 마음을 상대하는 것이다. 사람은 있지만 실재하는 것은 헤아리기 어려운 마음이다. 마음은 선심과 불선심이 있으며, 그 변화를 측량할 수가 없다. 누구나 축적된 성향으로 자기 편한 대로 살고, 자기 이익을 위해서 산다. 지혜와 무지가 부딪치고, 관용과 탐욕이 부딪치며, 평화와 폭력이 부딪친다. 이런 불가피한 상황으로 인해 사는 것이 괴로운 것이다. 괴로움은 생명이 있는 한 벗어나기가 어렵다. 이런 현실을 있는 그대로 보는 지혜가 나야 자유로울 수 있다.

말해도 못 알아듣는 사람이 있고, 말하면 엇나가는 사람이 있고, 말하면 알아듣는 사람이 있다. 무지해서 못 알아듣고, 어리석어서 엇나가고, 지혜가 있어서 알아듣는다. 범부는 몰라서 못하고, 교만하면 알아도 따르지 않고, 현자는 알아서 받아들인다.

현풍 곽씨의 마음에는 현풍 곽씨만의 마음이 없다. 단지 사람의 마음이 있다. 현풍 곽씨의 몸에는 현풍 곽씨만의 피가 없다. 단지 사람의 피가 있다. 현풍 곽씨라는 성은 부르기 위한 명칭이다. 그러므로 현풍 곽씨는 관념이지 실재가 아니다.

사랑하는 사람과 헤어지면 매우 슬프다. 이 슬픔은 상대 때문에 일어난 것 같지만 사실은 자신의 문제다. 자신의 감각적 즐거움이 충족될 수 없어서 슬픈 것이다. 그러므로 이때 사랑하는 사람은 없고 단지 자신이 일으킨 슬픔만 있다. 사랑하는 사람이 죽는 것은 매우 비통한 일이다. 이 비통함은 사랑하는 사람으로 인해 생긴 것이지만 사실은 여기에 상대는 없다. 단지 상대의 죽음을 기억하여 자신의 감정이 비통한 것이다. 죽은 상대 때문에 생긴 일이지만 자신의 이해가 얽힌 감정을 붙들고 있는 것이다. 범부는 사랑하는 사람을 소유하여 고통을 겪는다. 성자는 사랑하는 사람을 소유하지 않아 고통을 겪지 않는다.

245

좋을 때 하는 말을 믿어서는 안 된다. 좋지 않을 때 하는 말
에 본심이 담겨 있다. 숨겨진 마음은 좋지 않을 때 더 분명
하게 드러난다.

246

잘못된 사람은 만나지 마라. 그런 만남은 괴로움이 따른다.
괴로움을 감내할 힘이 없으면 멀리 하는 것이 좋다. 괴로움
은 알아차릴 대상이지만 감당하기 어려우면 피해야 한다.
괴로운 줄 알면서도 만난다면 감각적 욕망을 즐기는 것이
다. 잘못된 상대는 자신을 병들게 하며, 자기도 모르게 그
를 닮아간다. 이런 결과는 어리석은 자가 받는 불가피한 과
보이다. 잘못을 끊는 것이 지혜다. 불선과보는 지혜로만 끊
는다.

247

모든 대상은 와서 보라고 나타났다. 즐거움이나 괴로움이나 덤덤함이나 모두 알아차려야 할 대상이다. 나타난 대상은 나타날 만한 조건에 의해 나타났다. 그러므로 단지 알아차릴 손님으로 맞이해야 한다. 나타난 대상은 모두 법이며, 법은 와서 보기를 요청하고 있다. 나타난 대상에 개입해서 관찰하지 말고, 그냥 있는 그대로 두고 알아차려야 한다. 개입하면 대상의 성품을 알 수 없다. 지혜가 나야 대상의 성품을 안다. 모든 대상은 무상, 고, 무아의 성품을 가지고 있다. 이러한 성품을 알아야 욕망을 일으키지 않아 괴로움에서 벗어날 수 있다. 와서 보라고 나타난 대상을 단순하게 지켜보아야 궁극의 지혜가 난다.

정의라는 이름으로 자기 한풀이를 하지 마라. 진실이라는 이름으로 거짓을 포장하지 마라. 인간의 사악함이 때로는 동물의 본능보다 못하다.

다른 사람의 호의는 그냥 생기는 것이 아니다. 나에게 잘해 주는 사람은 그만큼 요구하는 것이 많다. 바람 때문에 좋은 관계일수록 사랑과 증오가 교차한다. 남에게 잘하고 바람 이 없으면 다툼이 없다. 바라는 것이 없기 때문에 섭섭할 것도 없다. 그래서 바라지 않는 공덕행이 가장 선한 것이다.

자신의 처지가 약할 때는 마음을 숨긴다. 그러나 힘이 생기면 욕망을 드러내어 자기 뜻대로 지배한다. 그런 사람을 나쁘다고 비난한다. 그러나 비난할 것 없다. 마음이란 원래 그런 것이다. 처지가 약할 때의 마음이나, 욕망을 드러낼 때의 마음 중에서 어느 마음이 자신의 마음인가? 어느 마음도 자신의 마음이 아니다. 단지 상황에 따라 변하는 마음만 있다. 그러므로 그를 비난할 것이 아니고 마음이란 원래 그렇다고 아는 것이 무아의 법을 보는 것이다.

251

범부는 세상의 방식으로 살며, 성자는 출세간의 방식으로 산다. 세상의 방식은 갈 길을 모르며, 출세간의 방식은 갈 길을 안다. 갈 길을 모르면 욕망으로 살아 끝없는 윤회의 세계를 떠돈다. 갈 길을 알면 바라는 마음이 없어 윤회가 끝나 괴로움이 사라진다.

252

수행은 전에 경험하지 못한 새로운 습관을 만드는 과정이다. 전에 없는 새로운 습관을 길들이려면 혼자 힘으로는 안 된다. 스승의 가르침과, 가르침을 이끄는 안내자와, 도반이 있어야 한다. 이러한 조건이 충족되어서 알아차리는 힘이 생겼을 때라야 혼자서도 수행을 할 수가 있다.

시작이 좋아도 과정이 나쁘면, 아무리 결과가 좋다고 해도 좋은 결과라고 할 수 없다. 좋은 결과란, 물질이 아니고 정신적인 것으로, 마음이 편한 것을 말한다. 당초의 목적을 이루었다고 해도, 마음에 상처가 남았다면, 좋은 결과라고 할 수 없다. 가장 좋은 것이란, 시작할 때도 좋고, 중간도 좋고, 끝나고서도 좋은 것이다.

믿음이 있어야 지혜가 나고, 지혜가 있어야 믿음이 견고해진다. 노력을 해야 집중이 되고, 집중이 되어야 노력이 견고해진다. 네 가지의 균형은 알아차림으로 이룩된다.

255

교학과 위빠사나 수행은 상호보완적이어야 한다. 교학은
수행을 돕지만, 수행은 교학 없이도 한다. 학문이 단지 이
론에 그친다면 수행을 왜곡하기 때문에 반쪽의 역할도 하
지 못한다. 통찰지혜 수행을 하지 않으면 교학을 바르게 알
지 못하며, 궁극의 자유를 얻을 수 없다.

256

일하는 방식이 문제가 있다면, 일하는 마음가짐이 잘못된
것이다. 자기만 옳고 남은 틀렸다고 하면, 교만한 마음을
가진 사람이다. 열심히 일하는 것도 중요하지만, 바르게 하
는 것이 더 중요하다.

오늘 당신께서 찾아 오셨지만 다음에는 오지 않을 것입니다. 당신에게 문제가 있으며, 스스로 해결해야 한다는 말에 실망하셨을 것입니다. 저는 당신께 자신의 몸과 마음을 알아차리는 것밖에 말하지 못합니다. 당신이 가진 모든 문제는 자신이 일으킨 것입니다. 당신이 이 말을 받아들이면 좋겠지만 받아들이지 않아도 어쩔 수 없습니다. 법은 알기가 어려운 것이지만 이 말을 기억하는 것으로 시작합니다. 알아차림은 언제나 유익한 것입니다. 부디 선한 불씨를 살려서 평화롭고 행복한 삶을 사시기 바랍니다. 자신의 삶은 자신의 마음으로만 청정하게 할 수 있습니다.

욕심 부리지 않는 것을, 화내지 않는 것을, 어리석지 않은 것을 잊어버려서 못한다. 알고도 잊어버리고, 아예 몰라서도 못한다. 그래서 욕망에 사로잡히고, 화를 내고, 무지하게 산다. 잊어버리는 것은 알아차리지 못한 것이다. 몰라서 못하는 것도 알아차리지 못한 것이다. 알아차리면 잊어버리지 않고, 모르는 것을 아는 지혜가 난다. 알아차림이란 기억하여 잊어버리지 않게 하는 것이다.

상대를 평가할 때 완전한 기준을 적용하지 마라. 완전한 기준이란 단지 자신의 욕망이다. 자신의 욕망 때문에 상대를 비판적으로 보면 스스로 불선행을 하여 괴로움을 만든다. 누구나 선과보와 불선과보의 축적된 성향이 있으니 상대의 입장을 배려하는 관용이 필요하다.

일반적으로 내 탓이라고 할 때는 관념으로 말하는 경향이 있다. 나, 너는 단지 부르기 위한 명칭이다. 기도문에서 내 탓이라는 글을 읽거나, 모든 것이 자신의 탓이라는 말을 들을 때는 충분히 이해하기 어려운 경우가 있다. 내 탓이라는 진실을 알려면 지혜가 필요하다. 모든 것이 원인이 있어서 생긴 결과로 알아야 비로소 내 탓에 대한 바른 자각이 일어난다. 위빠사나 수행을 해서 더 큰 지혜가 나면 존재하는 것들이 무상, 고, 무아라고 안다. 그러면 좋아하거나 미워할 상대도 없어지고, 좋아하거나 학대할 나도 없어진다. 진리로 보면 내 탓이라고 할 것이 없고, 단지 원인과 결과만 있다.

261

바람이 있는 공덕행은 완전한 선이 아니다. 자기 이익을 위한 공덕행은 반쪽짜리 선에 불과하다. 무명이 갈애를 일으키고, 갈애가 집착으로 바뀌면, 번뇌를 불사르지 못한다. 바라는 마음이 없으면, 대상을 부정하지 않고 받아들여, 청정한 마음으로 보시를 하며, 계율을 지켜 마음이 청정해지므로, 이것 자체가 수행을 하는 것이다. 이러한 공덕을 쌓을 때만이 해탈을 해서 윤회를 끊을 수 있다. 그래서 바람이 없는 공덕행을 완전한 선이라고 한다.

262

무지하면 탐욕이 많아 아무 것이나 가지려 한다. 가져도 만족하지 못하고, 더 많이 가지려 한다. 좋은 것만 갖지 않고, 잘못된 것도 가지려 한다. 무지한 사람은 자신이 무지한지 모른다. 몰라서 벗어나려고 하지 않아 윤회계의 미아로 산다.

자기가 잘한 일은 잊어버려라. 자기가 과거에 했던 일을 자랑스럽게 생각하는 것은 현명하지 못하다. 자신이 한 일을 집착하면 스스로에게 흙탕물을 끼얹는 것이다. 이미 지나간 일은 실재하지 않는다. 다만 기억 속에 있는 것일 뿐이다. 언제까지나 기억을 먹고 살 수는 없다. 스스로 똑똑한 것에 취해있다면 이는 진정으로 똑똑한 것이 아니다. 무엇을 많이 아는 것이 똑똑한 것이 아니고 지혜가 있어 매사에 원만한 것이 똑똑한 것이다. 만약 자신이 한 일을 자랑스러워한다면 그 순간에 자랑스러워하는 마음을 알아차려라. 그러면 내가 최고라는 아만심이 사라진다. 그래야만 행복해 질 수 있다.

어리석으면 괴로움을 나의 괴로움이라고 알고, 영원한 것으로 안다. 지혜가 있으면 괴로움은 조건에 의해 일어난 느낌이고, 일어난 순간에 사라진 것을 안다. 모르면 괴로움을 만들지만, 알면 괴로움을 만들지 않는다.

자신이 잘못한 일은 잊어버려라. 자기가 한 일을 후회하는 것은 현명하지 못하다. 단지 잘못을 알아차리는 것으로 그쳐야 한다. 후회하는 것은 불선업으로 자신을 학대하는 것이며, 과거에 대한 감각적 욕망을 버리지 못하고 있는 것이다. 이미 지나간 일은 실재하지 않는다. 다만 기억 속에 있는 것일 뿐이다. 언제까지나 기억을 먹고 살 수는 없다. 후회한다고 해서 지나간 일을 돌이킬 수는 없다. 괴로움을 피하려고 하거나 없애려고 하지 말고 괴로움을 직시해야 한다. 잘못한 것으로 인해 괴로워할 때는 괴로워하는 그 마음을 알아차려라. 그러면 더 이상 비참하거나 고통스럽지 않을 것이다. 그래야만 행복해 질 수 있다.

사형수를 죽인 사람은 누구인가? 사형수를 죽인 것은 집행관이다. 그러나 사형수를 죽인 것은 집행관이 아니다. 사형언도를 내린 판사가 죽였다. 그러나 판사가 사형수를 죽인 것이 아니다. 판결을 내리도록 한 국가의 형법이 죽였다. 그러나 사형수를 죽인 것은 국가의 형법이 아니다. 사형수를 죽인 것은 사형수의 행위이다. 그러나 사형수를 죽인 것이 사형수의 행위가 아니다. 사형수에게 행위를 하게한 사형수의 마음이 죽였다. 그러나 사형수의 마음이 사형수를 죽인 것이 아니다. 사형수에게 잠재해 있는 불선과보심이 불선한 마음을 먹게 하여 죽인 것이다. 이처럼 모든 것은 원인과 결과로 상속된다. 이것이 윤회다.

베푼 것을 기억하지 마십시오. 그러나 은혜는 기억하십시오. 베푼 것을 기억하는 것은 선하지 못한 마음이고, 은혜를 기억하는 것은 선한 마음입니다. 베푼 것을 기억하면 스스로를 구속하고, 은혜를 기억하면 공을 갚기 위해 노력합니다.

어느 것이나 영원한 것은 없다. 마음도 매순간 일어나고 사라지며, 몸도 매순간 일어나고 사라진다. 즐거움도 변하며 괴로움도 변한다. 연기를 회전시키는 무명도 일어나고 사라지며 무명으로 인해 일어나는 갈애도 일어나면 사라진다. 시간이 머물지 않고 흐르듯이 이렇게 모든 것은 순간에서 순간으로 연속된다. 이러한 흐름에 변하지 않는 주체가 있어서 윤회하는 것이 아니다. 다만 그 순간의 마음과 몸이 조건에 의해 변하고 있을 뿐이지 내가 윤회하는 것이 아니다. 단지 정신적 현상과 물질적 현상이 원인과 결과로 계속되는 것이다. 이러한 변화를 받아들이면 괴롭지 않다. 그러나 받아들이지 못하면 괴롭다.

세상에는 좋은 사람도 있고, 좋지 않은 사람도 있고, 그저 그런 사람도 있다. 그래서 좋아하는 사람을 만나고, 미운 사람을 만나고, 덤덤한 사람을 만난다. 세상이 그렇기 때문에 사람들을 만날 때 선택의 여지가 없다. 자신이 원하는 사람을 만나고 싶어도 만날 수 없으며, 만나고 싶지 않아도 만날 수밖에 없다. 그래서 누구를 만나거나 모두 알아차려야 한다. 알아차리지 못하면 상대의 성향에 따라 고스란히 자신의 감정으로 전이 된다. 좋아하는 사람을 만나면 집착하고, 미워하는 사람을 만나면 고통스럽고, 덤덤한 사람을 만나면 무지한 상태가 된다. 이처럼 상대에 따라 자신의 감정이 결정되는 것은 매우 어리석은 일이다.

고통이 계속되는 것은 고통으로 인해 괴로워하는 마음을
알아차리지 못했기 때문이며, 고통으로 인해 두근거리는
가슴의 느낌이나 거친 호흡을 알아차리지 못했기 때문이다.
고통스러울 때는 그 힘이 크기 때문에 마음을 알아차리고,
몸으로 돌아와서 가슴의 느낌을 알아차리기가 어렵다. 그
래서 번번이 분노의 불길에 휩싸여 자신을 태우고 만다. 먼
저 고통은 올만한 이유가 있어서 온 것이라고 이해해야 한
다. 그리고 그 고통이 자신을 괴롭히지만 여기에 나는 없다
고 알아야 한다. 고통은 원인이 있어서 생긴 결과고, 그 순
간의 마음이 경험할 뿐이지 나의 고통은 아니다. 이런 지혜
가 없으면 고통을 알아차려도 소멸되지 않는다.

마음을 알아차리려면
마음을 새로 내야 한다.

나중에 생긴 마음이 먼저 마음을 알아차린다.
마음을 새로 내기 위해서 매순간 새로 내는 것이 아니다.
알아차림을 지속하면 마음을 새로 내는 것이다.
바퀴가 굴러갈 때 바닥에 닿는 점은 하나다.
바퀴가 닿는 현재를 알아차리면 계속해서 마음을 새로 내는 것이다.

대상을 볼 때 내가 보는 것이 아니다. 눈이라는 감각기관이 감각대상과 부딪쳤을 때 빛이 있어서 대상을 아는 마음이 일어난다. 이처럼 보는 것 하나에 눈이라는 감각기관, 보이는 대상, 빛, 아는 마음이란 네 가지 조건이 충족되어서 볼 수 있는 것이다. 이와 같이 네 가지 조건에 의해서 보고 아는 것이지 내가 아는 것이 아니다. 눈이 내가 아니며, 감각대상이 나의 것이 아니며, 빛이 나의 소유가 아니며, 아는 마음이 나의 마음이 아니다. 모든 것이 원인과 결과에 의해 아는 것이다. 이와 같이 조건에 의해 보는 것이지 초월적 존재의 힘으로 보는 것이 아니며, 붓다의 가피로 보는 것이 아니다. 볼 때는 단지 볼 수 있는 조건에 의해 본다.

생각을 많이 하는 것이 사량思量이다. 생각을 많이 하는 것이 사랑을 하는 것이다. 사람들의 사랑이란 생각을 많이 하는 것이다. 좋아하는 사람들이 서로가 대상을 잊지 않고 생각하는 것이 사랑을 하는 것이다. 수행자가 대상에 마음을 보내서 알아차림을 지속하는 것을 숙고熟考라고 한다. 사량이 사랑이고, 사랑이 숙고하는 것이다. 숙고는 대상을 기억하여 알아차림을 지속하는 것이다. 많이 사랑한다고 해서 모두 좋은 사랑은 아니다. 알아차림이 있으면 좋은 사랑을 하며, 알아차림이 없으면 나쁜 사랑을 한다. 지혜가 있으면 바른 것을 사랑하고, 무지하면 나쁜 것을 사랑한다. 지혜와 무지는 한 마음에 있는 두 뿌리다.

좋은 일도 원해서 하고, 나쁜 일도 원해서 한다. 좋은 마음이면 좋은 것을 원하고, 나쁜 마음이면 나쁜 것을 원한다. 어떤 마음을 먹거나 자신이 원해서 선택한다.

274

죽는 순간의 마지막 마음인 죽음 의식은 일어나서 사라지고 없지만 그 순간의 과보심은 사라지지 않고 다음 마음이 일어나도록 한다. 이것이 재생연결식이다. 이와 같이 생명이 죽음과 재생의 순환을 옮겨 다닐 때 마음속에 축적되어 있는 번뇌도 옮겨 다닌다. 현재의 마음은 현재 이전의 번뇌가 옮겨 온 것이다. 또 미래의 마음은 현재의 번뇌가 옮겨 간다. 그러므로 현재를 알아차리면 과거의 번뇌가 사라지며, 미래의 번뇌가 일어나지 않는다. 번뇌는 쉽게 소멸되지 않지만 알아차림에 의해서만 일시적으로 소멸된다. 그러나 알아차림이 약해지면 자리에서 비켜나 있던 번뇌가 다시 나타나서 더 큰 번뇌로 자리 잡는다. 이것이 윤회다.

모든 것은 일어날 조건이 있어서 일어난다. 일어날 조건이 없으면 일어나지 않는다. 번뇌가 있어서 괴로움이 일어난다. 번뇌가 없으면 괴로움이 일어나지 않는다. 탐욕이 있어서 성냄이 일어난다. 탐욕이 없으면 성냄이 일어나지 않는다. 무지가 있어서 탐욕이 일어난다. 무지가 없으면 탐욕이 일어나지 않는다. 무지가 있어서 무지가 일어난다. 지혜가 있으면 무지가 일어나지 않는다.

알아차리면 자신을 관리한다. 알아차릴 때는 아는 마음만 있어 번뇌가 들어오지 못한다. 이것이 관리하는 것이며, 가장 청정한 마음이다. 알아차리면 해야 할 일과 하지 말아야 할 일을 안다. 관리하는 삶은 행복하며, 그렇지 못하면 불행하다.

궁극의 목표는 맹목적 믿음이 아닌 확신에 찬 믿음을 가지
고 노력해야 성취한다. 믿음이 없으면 노력을 하지 않아 좋
은 결과가 없다. 노력이 없으면 알아차리지 못해 청정하지
못하다. 알아차림이 없으면 집중이 되지 않아 번뇌가 일어
난다. 집중이 되지 않으면 지혜를 얻을 수 없어 어리석게 살
아야 한다. 모든 것의 출발은 믿음으로부터 시작된다. 믿음
이 없으면 환자가 의사의 가르침을 따르지 않는다. 믿음이
없으면 범부가 현자의 가르침을 따르지 않는다. 믿음이 없
으면 수행자가 정법을 따르지 않고 삿된 법에 현혹된다. 믿
음이 없는 것의 특징은 들뜨고 의심이 많아 바른 길을 가지
않는 것이다.

보니, 거기에 세상이 있다. 세상을 보는 순간에는 단지 보이는 대상과, 보는 마음만 있다. 세상이 없으면 보지 못하며, 보는 마음이 없으면 세상이 없다. 진실한 것은 이 두 가지뿐이다. 이러한 세상을 보고 좋다거나 싫다고 하는 것은 공연히 시비를 거는 것이다. 세상은 세상의 일일 뿐이고, 보는 마음은 보는 마음일 뿐이다. 세상에는 세상의 일이 있고, 보는 마음은 보는 마음의 일이 있다. 단지 거기에 있어서 볼뿐인 세상의 일들을 시비치 마라. 오직 대상이 있어서 지켜보는 자신의 마음을 보라. 보이는 대상이나 보는 마음은 지속되지 않는다. 일어난 순간에 즉시 사라진다.

279

알아차릴 때는 마음을 공손하게 모아 대상에 머물러야 한다. 마음을 모은다는 것은 마음을 가다듬어 정성을 다하는 것이다. 대상에 머문다는 것은 마음을 대상에 그대로 두고 알아차림을 지속하는 것이다. 마음을 모아 대상에 머무는 것이 저절로 되지 않는다. 노력해야 이루어진다.

네 가지 종류의 사람이 있다. 첫째, 어리석으면서 어리석음을 향해 가는 사람. 둘째, 어리석지만 지혜를 얻으려는 사람. 셋째, 지혜가 있지만 어리석음을 향해 가는 사람. 넷째, 지혜가 있으면서 지혜를 향해 가는 사람. 사람의 가치는 출신이나 지위, 돈, 외모로 결정되지 않는다. 자신의 생각과 말과 행위로 자신의 가치가 결정된다. 사람은 스스로 가치를 향상시키거나 스스로 가치를 떨어뜨린다. 자신이 어떤 원인을 만드는가에 따라 현재에도 행복하고 미래에도 행복하며, 현재에도 불행하고 미래에도 불행하다. 자신의 일은 오직 자신이 결정한다. 자신이 아닌 누구도 자신의 운명을 결정할 수 없다.

좋은 일과 나쁜 일은 각각 선업의 과보와 불선업의 과보로 생긴다. 가정이 화목하고 사회가 풍요로운 것은 선한 마음에 의한 선업의 과보로 생긴다. 가정불화와 사회가 혼란한 것은 나쁜 마음에 의한 불선업의 과보로 생긴다. 평화로운 시대는 평화를 사랑하는 사람들의 마음이 이룩한 것이다. 전쟁을 일으켜 살인을 하는 것은 전쟁을 사랑하는 사람들의 마음이 이룩한 것이다. 어떤 대상과 마주쳤을 때 비난보다는 관용으로 이해하는 것은 선한 마음이 있기 때문이다. 천박한 것을 욕하면서 감상하는 것은 천박한 것을 좋아하는 나쁜 마음이 있기 때문이다. 무엇도 저절로 이루어지는 것은 없다. 오직 원인에 의한 결과만 있다.

위빠사나 수행은 먼저 대상이 있어야 하고, 그 대상을 알아차려야 한다. 그리고 대상과 하나가 되지 않고 분리해서 알아차려야 한다. 이렇게 알아차릴 때만이 대상을 있는 그대로 본다. 이렇게 알아차리지 못하면 대상을 있는 그대로 보지 못한다. 대상을 있는 그대로 본다는 것은 관념이 아닌 실재를 보는 것이다. 대상을 볼 때 선입관을 가지고 보면 무상, 고, 무아의 실재하는 성품을 볼 수가 없어 지혜가 나지 않는다. 그렇다고 해서 관념이 잘못된 것이 아니다. 처음부터 실재를 보기는 어렵기 때문에 먼저 대상을 붙잡기 위해서 관념을 보는 것으로 출발할 수도 있다. 이렇게 해서 알아차리는 힘이 생기면 자연스럽게 실재가 보인다.

$$283$$

수행자가 대상을 알아차릴 때 처음에는 거친 대상을 겨냥한다. 통증, 망상, 졸음, 거친 호흡 등을 겨냥해서 마음을 붙인다. 이렇게 수행을 해서 어느 정도 집중력이 생기면 대상이 미세해진다. 이때는 미세한 것을 대상으로 알아차린다. 미세한 대상을 알아차릴 때는 거친 대상을 알아차릴 때와 다른 노력을 해야 한다. 현미경으로 보듯이 더욱 공손하게 마음을 모아서 겨냥해야 하며 변화를 알아차리기 위해서 노력해야 한다. 거친 대상이나 미세한 대상이나 알아차리는 마음은 같지만 기울이는 정성이나 공손함이 다르다.

마음을 알아차리려면 마음을 새로 내야 한다. 나중에 생긴 마음이 먼저 마음을 알아차린다. 마음을 새로 내기 위해서 매순간 새로 내는 것이 아니다. 알아차림을 지속하면 마음을 새로 내는 것이다. 바퀴가 굴러갈 때 바닥에 닿는 점은 하나다. 바퀴가 닿는 현재를 알아차리면 계속해서 마음을 새로 내는 것이다.

285

위빠사나는 일어나고 사라지는 성품을 알아차리는 수행이다. 일어나고 사라지는 성품을 알아야 비로소 대상을 정확하게 겨냥하고, 알아차림을 지속할 수 있다. 처음 수행을 시작할 때는 대상을 정확하게 겨냥하기가 어렵고, 알아차림을 지속하기는 더욱 어렵다. 그래서 수행은 잘 안 되는 것을 아는 것으로부터 출발해야 한다. 이런 과정을 포기하지 않고 수행을 하면 어느 땐가 일어나고 사라지는 성품을 본다. 일어나고 사라짐은 대상이 변하는 것이며, 이런 변화가 바로 무상이라는 법이다. 수행은 단계를 거쳐서 발전하므로 충분한 조건이 성숙될 때까지 무소의 뿔처럼 묵묵히 가야한다. 홀로 가는 수행자는 아름답다.

수행은 마음이 하는 것이므로 일하는 마음을 알아차려야
한다. 탐욕이 있는 마음, 성냄이 있는 마음, 어리석음이 있
는 마음, 관용이 있는 마음, 자애가 있는 마음, 지혜가 있는
마음, 불선심도 알아차리고, 선심도 알아차려야 한다. 탐욕,
성냄, 어리석음을 알아차리지 못하면 불선심이 더욱 커진
다. 관용, 자애, 지혜를 알아차리지 못하면 선심이 불선심
으로 바뀐다. 있는 마음이 있을 때, 일어난 마음이 있을 때,
하려는 마음이 있을 때, 아는 마음이 있을 때, 어떤 마음이
나 알아차려야 한다.

방종으로 인해 고통을 겪지만, 고통으로 인해 지혜가 생긴
다. 잘못 산 것에 그치지 말고, 경험을 살려 지혜를 얻어야
한다.

 288

믿음과 노력이 있어야 이상적인 조건이 성숙된다. 조건이 성숙되어야 대상이 보이고 그렇지 않으면 대상이 보이지 않는다. 보여야 바라는 것을 얻고, 보이지 않으면 얻을 수가 없다. 선한 것이 보이면 좋은 것을 얻고, 불선한 것이 보이면 나쁜 것을 얻는다. 선한 것이 보이면 좋은 의도가 일어나서 좋은 행위를 하여 좋은 결과를 얻는다. 불선한 것이 보이면 나쁜 의도가 일어나서 나쁜 행위를 하여 나쁜 결과를 얻는다.

수행은 거북이와 토끼의 경주다. 토끼가 빠르지만 거북이
가 승리한다. 수행은 속도가 아니고 알아차리는 내용이다.
수행자가 무디면 단순하고, 예민하면 들뜬다. 무디면 인내
하지만, 예민하면 감각에 치우친다. 수행은 들뜨고 의심하
기보다, 단순하게 지켜보는 것이 좋다. 단순하게 보아야 있
는 그대로 본다. 단순하게 보려면 알아차려야 한다. 알아차
리면 부족하지도 않고 넘치지도 않는다. 알맞을 때만이 가
장 좋은 결과에 이른다.

290

모든 행위는 마음으로부터 시작한다. 마음은 흐르면서 숨
어있지 않고 항상 밖으로 드러난다. 선심은 선행을 하여 선
과보심을 남기고, 다시 선심을 일으킨다. 불선심은 불선행
을 하여 불선과보심을 남기고, 다시 불선심을 일으킨다.

진실은 한순간에 있으며, 현재의 몸과 마음에 있다. 조금 전에 있던 순간은 지나가고 현재가 되며, 현재라고 하는 순간은 이미 과거가 된다. 모든 것들은 변한다. 이러한 변화는 오직 자신의 몸과 마음에서 분명하게 확인할 수 있다. 한순간을 알아야 진실을 알 수 있고, 몸과 마음을 알아야 진실을 알 수 있다. 한순간을 알아야 무상, 고, 무아를 알 수 있고, 몸과 마음을 알아야 무상, 고, 무아를 알 수 있다. 몸과 마음은 매순간 원인과 결과에 의해 상속된다. 원인과 결과를 알아야 존재하는 것들의 일반적 속성인 무상, 고, 무아를 안다. 이러한 법을 알아야 탐욕과 성냄과 어리석음의 번뇌가 불타버린 열반에 이른다.

상대에 대한 예의를 갖추지 않고, 무례한 것은 범부의 불선
행이다. 그 근본원인은 어리석음이며, 알아차리지 못해 양
심과 수치심이 없고, 부끄러운 줄 몰라 잘못된 행동을 한다.
이런 사람들의 특성은 탐욕이 많고, 내가 최고라는 사견이
있으며, 자만에 중독되어 있다. 상대에 대한 예의를 갖추고,
알아차리는 것은 수행자의 선행이다. 그 근본원인은 지혜
이며, 믿음이 있어 양심과 수치심이 있고, 부끄러움을 알아
바르게 행동한다. 이런 사람들의 특성은 탐욕이 없고, 성내
지 않으며, 중도를 취한다. 그래서 바른 말, 바른 행위, 바
른 직업의식을 가지고 자비희사의 무량한 행위를 한다.

물질계에서는 수효가 우선이지만, 정신계에서는 진실이
우선한다. 다수를 무시해서도 안 되지만, 다수가 진실은
아니다. 물질보다 정신이 상위인 것은, 진실을 결정하기
때문이다.

294

같은 것을 보고, 같은 말을 듣고, 같은 글을 읽어도 모두 같
지 않다. 보고, 듣고, 읽을 때마다 같은 마음이 아니기 때문
이다. 마음을 계발하기 위해서는 계속해서 보고, 듣고, 읽
어야 한다. 같은 것을 계속 알아차릴 때만이 안개가 걷히고
실재가 드러난다. 진리는 먼 곳에 있지 않고 자신의 몸과
마음에 있으며, 계속해서 알아차릴 때만이 지혜가 완성된
다. 해가 떠서 기울듯이 언젠가 그 끝이 있기 마련이다. 그
때까지 쉬지 말고 계속해야 한다.
고정관념이 강한 사람은 철옹성에 들어앉아 타박만 일삼는
장님이다. 고정관념이 많으면 나만 옳고 상대는 틀렸다고
하는 자아가 강한 사람이다. 콩알만한 자아라도 가지고 있
으면 열반에 이르지 못한다

경기에서 이기면 기분이 좋다. 이것이 탐욕이다. 경기에서
지면 기분이 나쁘다. 이것이 성냄이다. 경기는 이길 수도
있고 질 수도 있는데 이것을 무시하고 오직 이기기만 바란
다. 이것이 어리석음이다. 이길 만해서 이기고, 질만해서
지는 것이므로 너무 결과에 집착하지 말아야 한다. 이것이
진행되는 과정을 지켜보는 경기를 하거나 관전하는 바른
자세다.

욕망의 끝은 괴로움이다. 아무리 많이 가져도 만족할 수 없다.

번뇌는 탐욕, 성냄, 어리석음, 자만, 사견, 의심, 혼침, 들
뜸, 양심 없음, 수치심 없음이다. 괴로움의 원인이 되는 번
뇌는 더러움으로 마음을 오염시켜 불선행을 일으킨다. 번
뇌는 이미 만들어진 힘이 크기 때문에 알아차린다고 해서
무조건 없어지지 않는다. 번뇌를 해결하는 방법은 수행자
의 근기에 따라, 수행방법에 따라, 번뇌의 종류에 따라서
다르다. 번뇌를 소멸시키는 방법은 알아차림으로써 소멸시
키고, 억제함으로써 소멸시키고, 수용함으로써 소멸시키고,
인내함으로써 소멸시키고, 피함으로써 소멸시키고, 버림으
로써 소멸시키고, 수행을 해서 소멸시킬 수 있다.

선하게 사는 것이 좋은 줄 알지만, 잊어버려서 실천하기가 어렵다. 잊어버리는 것은 알아차림을 놓친 것이다. 알아차림이란 잊어버리지 않고 기억하는 것이고, 기억하는 것은 알아차리는 것이다. 과거를 기억하는 것이 아니고, 현재에 있는 것을 기억하는 것이다. 알아차림을 기억하지 못하는 것은 선하지 못한 마음이 많기 때문이다. 또 이렇게 살아온 습관이 지배하고 있기 때문이다. 수행자는 잊어버린 것을 알아차리고, 잊어버리게 한 무지를 알아차려야 한다.

같은 음식을 먹어도 병에 걸리는 사람이 있고, 영양이 되는 사람이 있다. 면역체계가 취약하면 질병에 잘 걸린다. 한 가지 일을 해도 선한 마음으로 할 수도 있고, 선하지 못한 마음으로 할 수도 있다. 일하는 마음가짐에 따라서 나타나는 결과가 다르다. 선한 마음은 건강한 몸을 만들고, 불선한 마음은 병든 몸을 만든다. 선한 마음에는 절제와 균형이 있으며, 불선한 마음에는 무절제와 불균형이 있다.

범부는 느낌을 좋아한다. 그래서 자극적인 느낌을 찾는다. 덤덤한 느낌은 심심해서 견디지 못해 항상 색다른 느낌을 찾아 방황한다. 고요함을 평온으로 알지 못하면, 감각적 쾌락을 추구해야 사는 것으로 안다. 범부는 진리를 추구하는 것도 감각적 쾌락으로 한다. 그래서 진리를 이해하려 하지 않고, 스스로 재단하여 잘못된 지식만 키운다. 범부는 감각적 쾌락과 악한 의도와 게으름과 들뜸과 의심을 가지고 있다. 여기에 덧붙이자면 어리석고 자아가 강해서 열등의식까지 있다. 범부는 흔들리는 물위에 떠서 갈 길을 모르고 표류하는 사람이다.

무조건無條件이란 없다.
모든 것은 조건에 의해 일어난다.

조건에 의해 일어난 것은 조건에 의해 사라진다.
조건이 없으면 일어나지도 않고, 사라지지도 않는다.

301

성자는 느낌을 좋아하지 않는다. 느낌이 나타나면 대상으로 알아차려서, 다른 특별한 느낌을 찾지 않는다. 덤덤한 느낌이 있어도, 있는 그대로 알아차리기 때문에 심심하게 생각하지 않아서, 다른 느낌을 찾아 방황하지 않는다. 성자는 어떤 것도 바라지 않고, 없애려하지 않고 알아차려서 아무런 걸림이 없다. 감각적 쾌락과, 악한 의도와, 게으름과, 들뜸과, 의심이 일어나도 단지 대상으로 알아차린다. 감각기관의 문을 지키는 문지기는 욕망이란 도둑으로부터 보호받는다.

즐거움 때문에 행하고, 즐거움 때문에 행하지 않는다. 행하는 즐거움이 있지만, 행하지 않는 즐거움이 더 크다. 불선행을 하는 즐거움이 있지만, 불선행을 하지 않는 즐거움이 더 크다. 불선행을 하지 않는 것이 선행을 하는 것이다. 불선행은 감각적 쾌락 때문이고, 선행은 지혜가 있기 때문이다. 감각적 쾌락이 우선하면 범부이고, 지혜가 우선하면 현자이다.

법의 가치를 아는 만큼 도반을 존중한다. 법의 가치를 아는 만큼 스승을 존경한다. 법의 가치를 아는 만큼 부처님의 가르침을 실천한다. 이렇게 노력한 만큼 행복하다.

몸을 알아차릴 때 지, 수, 화, 풍이란 네 가지 요소를 알아차리는 것은 몸의 느낌을 알아차리는 것을 말한다. 몸은 관념이며, 몸의 느낌은 실재다. 몸은 사마타 수행의 관념의 대상이 될 수도 있고, 위빠사나 수행의 실재하는 대상이 될 수도 있다. 몸의 실재하는 대상은 느낌이며 이것이 사대이다. 느낌은 실재하는 것이라서 가장 진실한 것이며, 그 속에 모든 법의 성품이 담겨져 있다. 몸에서 일어나는 모든 현상을 단지 사대의 느낌으로 알아차리면 표상이나 두려움과 근심이 일어나지 않아 바른 위빠사나 수행을 할 수 있다. 느낌을 느낌으로 알아차릴 때만이 있는 그대로의 진실을 알 수 있다.

처음에는 호기심을 가지고 막연한 기대를 하면서 수행을 한다. 수행을 해보려는 호기심은 선한 과보로 인해 생긴다. 누구나 괴로워서 수행을 하고, 지혜를 얻기 위해 수행을 한다. 그러나 바른 방법을 모르기 때문에 바른 수행을 하기가 어렵다. 괴로움을 없애려고 수행을 해서는 안 된다. 수행은 괴로움이 있는 것을 받아들이면서 관용을 배우고, 계율을 지켜 지혜를 얻는 것이다. 처음에는 대상과 하나가 되는 사마타 수행을 한 뒤에, 차츰 대상을 분리해서 알아차리는 위빠사나 수행을 해야 한다. 대상과 하나가 되는 것으로는 지혜를 얻을 수 없다. 대상을 분리해서 알아차리는 위빠사나 수행을 해야 궁극의 법을 본다.

자기에게 잘 해주는 사람에게는 무조건 호감을 갖는다. 그래서 가까운 관계를 맺지만 바로 이것이 괴로움의 원인이 된다. 내게 잘하는 것만 좋아하지 말고, 상대의 축적된 성향을 보아야 한다. 언젠가 좋지 않은 조건이 성숙되면 상대의 감추어진 성향이 나타난다. 이쯤 되면 관계가 깊어졌기 때문에 고스란히 고통을 당할 수밖에 없다. 그래서 남의 호의에 취하지 말고, 좋은 것을 탐닉하지 말아야 한다.

순수한 사랑은 바라지 않습니다. 오직 주기만 합니다. 순수한 사랑은 들뜨지 않습니다. 오직 고요합니다. 순수한 사랑은 불안하지 않습니다. 오직 평안합니다. 순수한 사랑은 혼자만 갖지 않습니다. 모든 사람과 나누어 갖습니다.

열반을 향해서 타고 가는 수레는 큰 수레와 작은 수레가 있지 않다. 피안으로 건너가기 위한 수레는 오직 하나밖에 없다. 몸이라는 수레바퀴와 마음이라는 수레바퀴가 달린 팔정도라는 수레다. 사념처 위빠사나 수행은 두 개의 바퀴를 굴리는 수레의 원동력이다.

309

상좌불교 비구는 중매를 서지 않고 결혼식 주례를 하지 않는다. 결혼한 사람들이 공양을 올리면 축원을 해 주지만, 비구가 직접 나서서 결혼에 개입하지 않는다. 결혼은 업을 만드는 일이기 때문이다. 상좌불교 수행자는 세속에 살지만 초세속적이다. 수행자라고 해서 세속을 무시하는 것이 아니고, 다만 세속적인 일들을 추구하지는 않는다. 수행자가 궁극의 목표인 열반을 성취하기 위해서는 해야 할 일과, 하지 말아야 할 일이 있다.

310

제가 하는 말이 옳으니 그렇게 해야만 한다고 말하지 않습니다. 그냥 제가 아는 것을 말할 뿐입니다. 받아들이거나 받아들이지 않는 것은 듣는 사람의 선택입니다. 제 뜻은 이것이 있으니 직접 경험해 보고 본인이 판단해 보라는 것입니다. 그래서 제 말을 이해하지 못하거나 비난해도 상관하지 않습니다. 사람들은 저마다 자기의 견해가 있습니다. 그래서 옳고 그름의 기준이 다릅니다. 바른말을 해도 받아들이는 사람의 마음이 바르지 못하면 옳게 보지 않습니다. 틀린 말을 해도 받아들이는 사람의 마음이 바르면 이해합니다. 그러니 옳고 그름이란 없습니다. 어떤 마음가짐이냐가 중요합니다.

311

계율을 어긴 자를 이해하는 것은 좋으나, 동조하는 것은 잘못이다. 잘못을 비호하는 것은 동일한 범죄 심리를 가진 것이다. 자기편이라서 검은 것도 희다고 한다면 바른 견해라고 할 수 없다. 아무리 좋은 목적이라도 방법이 나쁘면 좋은 뜻이 아니다. 자신의 영달을 위한 야망으로 하면 결국 스스로 몰락하고 만다. 눈에 보이는 성과만 연연하지 말고, 눈에 보이지 않는 정신을 함양해야 한다. 일의 겉모습을 보지 말고, 내용에 충실한 것이 좋은 뜻이다. 이 길은 멀지만 가장 빠르고, 험하지만 가장 안전하다.

312

세간에서는 원인과 결과를 부정하고, 모든 것이 절대적 존재에 의해 생겼다거나, 또는 모든 것이 우연히 생겼다고 믿는다. 출세간에서는 원인과 결과를 인정하고, 모든 것이 조건에 의해 일어나서 조건에 의해 사라진다고 믿는다. 두 가지가 모두 믿음을 가지고 있는 것은 같으나, 세간의 믿음은 생각에 의한 맹목적인 믿음이고, 출세간의 믿음은 경험에 의한 확신에 찬 믿음이다.

313

생각과, 말과, 행동이 단계적으로 일어나서 연관이 있지만 사실은 서로가 다르다. 생각해서 말하고, 말해서 행동하지만 이것들은 모두 다른 영역이다. 생각은 스쳐지나가는 바람처럼 조건에 의해 변한다. 생각은 매순간 연기처럼 일어났다가 사라지기 때문에 믿을 것이 못 된다. 말은 단지 그렇게 하고 싶다는 의도이지 아직 실천에 옮긴 것은 아니다. 말하는 순간에도 다른 마음이 일어난다. 그러므로 말을 믿어서는 안 된다. 행동한다고 해서 그 마음이 항상 하지 않는다. 행동하는 순간에도 마음은 변한다. 끊임없이 변하는 마음에 의해 일어난 행동을 믿어서는 안 된다. 이처럼 변하는 것이 무상과 괴로움이며, 여기에 자아가 없어 무아다.

314

덤덤한 느낌은 알아차림이 없어 무지이다. 덤덤한 느낌은
즐거움과 괴로움의 중간 느낌으로 중도가 아니다. 중간은
알아차림이 없는 무지이고, 중도는 알아차림이 있는 지혜
이다.

315

많은 생명들의 태어남 중에서 선한 과보를 받아 인간으로
태어난 것은 극히 적은 경우에 해당한다. 그러나 인간으로
태어났다고 해서 반드시 축복받을 일은 아니다. 태어남 그
자체가 괴로움이기 때문이다. 욕계, 색계, 무색계 천상의
태어남이나, 인간세계의 고귀한 신분으로 태어났어도 두려
움과 불만족이 있는 것은 마찬가지다. 그러므로 인간으로
태어나서 번뇌를 불사르고 열반에 이르는 수행을 해야 비
로소 위대한 태어남이라고 할 수 있다.

우물가에 와서 물을 먹지 않는 사람은 갈증을 해소할 수 없다. 이런 사람은 수행처에 와서도 수행을 하지 않고, 생각으로만 수행을 하다 만다. 자신의 몸과 마음이란 진실을 보지 않고 이것저것 다른 것을 찾아다니며 특별한 것을 구하느라 세월을 보내면 영원히 괴로움에서 벗어날 수 없다. 나는 이렇게 해야만 살 수 있다고 자신을 합리화하는 것은 또 다른 감각적 욕망을 즐기는 것이다. 아직 선업의 조건이 성숙되지 않은 사람은 보고도 못보고, 듣고도 알아듣지 못한다. 가장 위대한 스승이신 붓다의 가르침을 발견하는 것도 선업의 공덕이 있어야 하지만, 한눈을 팔지 않고 수행을 계속하는 것은 더 큰 선업의 공덕이 있어야 한다.

317

마음은 힘든 것보다 편안한 것을 원한다. 참고 견디는 수행
보다는 감각적 쾌락을 선호한다. 수행은 인내가 필요해서
아무나 실천하기가 어렵다. 오직 선업의 공덕으로 생긴 지
혜가 있는 사람만 선택한다.

318

욕구불만을 해소하기 위해서 감각적 쾌락을 추구하지 마라.
불만을 불만으로 알아차려야지 감각적 쾌락으로 대체하면
더 심각한 불만에 빠진다. 만족하지 못할 때는 그 마음을
알아차려라.

319

남이 하는 말을 모두 믿는가? 누구나 정확히 알고 말하지 않는다. 사람들은 그냥 흥미로 말한다. 말이란 조금만 알아도 자기감정을 보태어 부풀리는 특성이 있다. 누구나 흥미로 말하는 것처럼, 나도 남의 말을 심각하게 받아들일 것 없다. 나도 습관적으로 말하기 때문에 나의 말도 믿을 수 없다는 것을 알지 않는가? 나의 말도 믿을 수가 없는데, 하물며 남의 말에 걸리는 것은 유신견 때문이다. 남의 말은 그냥 남의 말로 알아야 한다. 이렇게 아는 것이 지혜다. 그렇지 않고 남의 말에 걸리면 유신견이 강하기 때문이다. 유신견이 강하면 비난을 견디지 못한다. 말은 말하는 자의 것이지, 듣는 자의 것이 아니다. 남이 하는 나쁜 말을 소유하지 마라.

진실해서 진실을 말하는 것이 아니다. 진실해지고 싶은 의도가 있어서 말한다. 과거에 한 행위로만 따지자면 누구나 진실을 말할 입장이 못 된다. 과거로부터 자유로울 수 있는 사람은 없다. 하지만 수행자는 오직 현재를 알아차리기 때문에 진실을 말할 수 있으므로 과거가 족쇄가 되지 않는다. 오히려 과거의 잘못으로 인해 수행을 해서 행복을 얻는다.

분수에 넘치는 지위나 돈을 가지면, 맞지 않는 옷을 입은 것과 같다. 높은 지위나 많은 돈을 갖는 것보다, 분수에 맞게 갖는 것이 행복의 조건이다. 넘치면 갈애가 일어나 괴로움이 따르고, 알맞으면 괴로움이 일어나지 않는다. 분수에 넘치면 어릿광대가 되지만, 절제가 있으면 행복한 수행자다.

즐거운 느낌과, 괴로운 느낌과, 덤덤한 느낌은 갈애를 일으켜 연기를 회전시킨다. 즐거운 느낌은 좋아해서, 괴로운 느낌은 싫어해서, 덤덤한 느낌은 무지해서 반드시 갈애를 일으킨다. 느낌이 일어나서 갈애로 발전하면 연기가 회전하여 다시 태어나기 때문에 영원히 괴로움에서 벗어날 수 없다. 느낌을 단지 느낌으로 알아차리면 좋거나, 싫거나, 덤덤하지 않아 갈애가 일어나지 않는다. 갈애가 일어나지 않아야 번뇌가 소멸하여 해탈의 자유를 얻는다. 느낌과 갈애 사이에는 두 개의 길이 있다. 느낌을 단지 느낌으로 알아차려서 갈애로 넘어가지 않으면 열반의 길로 간다. 느낌에서 갈애로 넘어가면 윤회의 길로 간다.

진실이 심오한 것이지 진실을 말하는 사람이 심오한 것은
아니다. 진실이 심오하다고 해도 심오한 진실을 모두 알지
는 못한다.

즐거움을 주는 사람이 있고, 고통을 주는 사람이 있다. 즐
거움을 주는 사람은 좋은 느낌이 일어나고, 고통을 주는 사
람은 불쾌한 느낌이 일어난다. 즐거움은 욕망을 일으키고,
괴로움은 지혜가 나게 한다. 느낌은 모두 알아차릴 대상이
지만 즐거움보다 괴로울 때 지혜가 난다. 고난을 괴로워하
지 말고, 지혜가 나도록 알아차려야 한다.

위빠사나 수행을 하면서 몸을 알아차릴 때 몸이 어떤 알 수 없는 힘에 의해서 움직이는 것 같다는 느낌을 받을 때가 있다. 그런 느낌이 들 때는 몸을 알아차리는 힘에 의해 마음을 알아차리는 힘이 생긴 것이다. 이때 어떤 힘이라는 것은 몸을 움직이게 하는 자신의 마음이다. 몸은 자신의 마음에 의해 움직이지 어떤 보이지 않는 외부의 힘으로 움직이지 않는다. 수행을 하면서 집중력이 생기면 이처럼 보이지 않던 의도가 보인다. 조건이 성숙되면 자연스럽게 마음을 알아차리는 수행을 한다

이 세상은 꼭 일어나야 할 일만 일어나지 않는다. 세간은 일어나지 말아야 할 일이 생기며, 일어나야 할 일은 생기지 않는다. 출세간은 일어나야 할 일이 생기며, 일어나지 말아야 할 일은 생기지 않는다. 세간과 출세간은 자신의 마음 안에 있다.

완전한 성취를 위해서는 바라지 않고 행해야 한다. 결과를 바라고 하는 행위로는 목표를 이루기 어렵다. 바라는 순간 긴장해서 사물을 바르게 볼 수 없다. 바라지 않고 하는 행위라야 목표를 이룰 수 있다. 바라는 것이 없으면 괴로울 일도 없다. 될 일은 바라지 않아도 자연스럽게 이루어진다.

328

무조건無條件이란 없다. 모든 것은 조건에 의해 일어난다. 조건에 의해 일어났으면 조건에 의해 사라진다. 조건이 없으면 일어나지도 않고, 사라지지도 않는다. 무조건이라고 하면 어떤 상황에서나 절대적인 힘만 작용한다. 이 세상에 어떤 것도 일방적인 것은 없다. 모든 것은 상대적이다. 이것이 원인과 결과다. 무조건이라는 말은 조건에 접두사 무無가 붙어서 '조건이 없다' 라는 말로 들리나, 사실은 '조건이 없다' 라는 말이 아니다. 무조건은 '덮어놓고', '다짜고짜' 라는 뜻이다. 이는 앞뒤를 가리지 않고 덤비는 것을 말한다.

329

잘못된 일을 정당화해서도 안 되지만, 그렇다고 비난해서
도 안 된다. 모든 일은 일어날 만한 원인이 있어서 생긴 결
과다. 시비를 가릴 것 없이 모두 대상으로 알아차려야 한다.

330

무지한 사람은 자기만 옳다고 주장한다. 몰라서 남의 허물
만 보고, 자기 허물은 보지 못한다. 무지란 바른 것에 대한
기준이 확립되지 않은 어리석은 마음이다.

일어나는 것은 사라진다.
무명과 갈애가 있으면
사라진 뒤에 다시 일어난다.

일어나지 않으면 사라지지 않는다.
지혜와 열반이 있으면 사라진 뒤에 다시 일어나지 않는다.
다시 일어나는 것은 괴로움이고,
다시 일어나지 않는 것은 괴로움의 소멸이다.

331

도道는 세 가지가 있는데 근본도, 예비단계의 도, 성스러운 도가 있다. 근본도는 원인과 결과를 아는 것이며, 예비단계의 도는 위빠사나 수행을 하는 것이고, 성스러운 도는 열반을 성취하는 것이다. 원인과 결과를 아는 지혜 없이는 위빠사나 수행의 지혜가 계발되지 않고, 위빠사나 수행의 지혜가 계발되지 않고는 열반을 성취할 수 없다. 도道의 단계적 과정을 거쳐야 과果에 이른다. 도道는 지향하는 것이고, 과果는 결과를 성취하는 것이다.

어리석으면 모르면서도 아는 것처럼 생각하고, 자신이 무엇이나 다 할 수 있다고 여긴다. 지혜가 있으면 자신이 모르는 것을 알고, 자신이 할 수 있는 일과 없는 일을 구별한다.

연기란 원인과 결과다. 내가 하고 싶다고 해서 할 수 있는 것이 아니며, 하고 싶지 않다고 해서 하지 않을 수 있는 것이 아니다.

길에 따라 목표의 방향이 다르다.

수행은 세속과 절연하는 것이 아니고 현재 하는 일을 알아차리는 것이다. 세속의 일에 관심이 많은 사람은 세속의 일을 더 해야 한다. 수없이 거듭된 생애 동안에 해온 일을 아직도 더 하고 싶다면 어쩔 수 없다. 인간이 가야할 궁극의 길은 수행을 해서 번뇌를 끊는 것이다. 아직 이것을 자각하지 못한다면 선업의 때가 성숙되지 않은 것이다. 하지만 인간이 선택해야 할 마지막 과업은 수행이라는 것을 잊어서는 안 된다.

법은 법으로 대해야 한다. 법문을 들을 때는 자신의 견해로 들어서는 안 된다. 오직 법의 입장에서 들어야 한다. 자신의 견해로 들으면 법이 가지고 있는 진실을 놓친다. 자아가 강하면 자신의 입장에서 듣기 때문에 진리의 참뜻을 알 수가 없다.

나 아니면 안 된다는 생각으로 일을 하지 마라. 내가 있어야만 된다는 것은 교만한 마음이다. 남이 나를 필요로 할지라도 단지 할일이라서 해야 한다.

유신견, 상견, 단견을 잘못된 견해라고 한다. 자아가 있다고 하는 유신견이나, 자아가 영원하다고 하는 상견이나, 죽으면 자아가 끝이라고 하는 단견은 모두 자아가 있다는 견해다. 바른 견해는 정신과 물질은 있지만 조건에 의해 생멸하는 현상만 있어서 무아라고 아는 견해이다. 무아는 생각으로는 알 수 없고, 위빠사나 수행의 지혜가 나야 안다.

339

몸이 아프면 마음이 괴롭고, 마음이 괴로우면 만사가 귀찮다. 바로 이때가 수행하기에 가장 좋다. 아플 때는 아픈 것 외에는 다른 욕망이 없기 때문에 마음이 단순해져 알아차리기가 좋다.

340

마음이 항상 변해서 무상無常이다. 마음이 만족할 수 없어서 苦다. 마음대로 되지 않아서 무아無我다.

341

좋은 일을 하지 않으면, 나쁜 일을 하거나, 어리석은 일을 한다.

수행은 움켜쥐는 것이 아니고 받아들이고, 베푸는 것이다.
그래야 집착이 일어나지 않아 사물의 바른 성품을 본다.

일어나는 것은 사라진다. 무명과 갈애가 있으면 사라진 뒤
에 다시 일어난다. 일어나지 않으면 사라지지 않는다. 지혜
와 열반이 있으면 사라진 뒤에 다시 일어나지 않는다. 다시
일어나는 것은 괴로움이고, 다시 일어나지 않는 것은 괴로
움의 소멸이다.

한쪽의 극단은 다른 한쪽의 극단을 부른다.

자기를 받아들이지 못하는 사람은 남도 받아들이지 못한다.

자신을 모양으로 보면 가치가 왜소해 보이고, 실재하는 성품으로 보면 그냥 사람일뿐이다. 남을 관념으로 보면 자신이 왜소해 보이고, 남을 실재하는 성품으로 보면 남이나 자신이나 사람일 뿐이다. 남을 관념으로 보면 미워하거나 좋아하고, 남을 실재하는 성품으로 보면 그냥 사람일 뿐이다.

위빠사나 수행은 바라는 것이 없는 지혜수행이므로 선업의
조건이 성숙된 사람만 만날 수 있다.

정도를 벗어난 이윤추구는 선하지 못한 마음이 하는 것으
로 범죄다. 적정한 이윤이 더 큰 이익을 준다.

수행은 바른 견해를 가지고 바르게 살아가려는 사람들의
것이다. 삿된 견해가 있으면 수행을 할 수가 없다.

350

수행이 안된다고 하는 것은 노력도 하지 않고 얻으려는 탐
심과 성냄이다.

351

자신의 삶의 방식을 바꾸려는 의지가 없으면 누구도 위빠
사나 수행을 계속할 수가 없다.

352

무엇이나 작용한다는 것은 항상 반작용의 반응을 동반한
다. 이것이 원인과 결과다.

위빠사나 수행의 알아차림은 바라는 것 없이, 없애려는 것
없이 하는 것으로 비작용적인 것이다.

위빠사나 수행은 살아온 삶의 방식과는 다른 반대의 방식
이다. 그 방식은 비작용적인 알아차림이다.

자신의 내면을 보지 않고 지나치게 남을 의식하는 사람은
자신에게 속는 것이며 그 삶이 부실하다.

수행은 철학이나 지적사유가 아닌 실천이다. 사유를 뛰어
넘은 자리에 지혜가 있다.

감각적 쾌락은 짧은 한 순간의 느낌이지만 그 과보는 길다.

조건이 아닌 것이 없다. 조건은 원인에 의해 생긴 결과다.
선업이나 불선업이나 원인은 내가 만든다.

지금 내게 문제가 있다면 그것은 원인이 있어서 생긴 결과
이고, 그 원인은 항상 자신이 만든 것이다.

수행 중에 생긴 장애는 평소의 자신의 모습이다. 그것을 남
보듯하지 말고 그대로 알아차려야 한다.

위빠사나문고 **옹달샘** ①

바라는 것이 없으면 괴로울 일이 없다

2013년 7월 1일 1판 2쇄 인쇄
2013년 7월 5일 1판 2쇄 발행

지은이　　묘원
펴낸이　　곽준
디자인　　송인숙

펴낸곳　　(주)도서출판 행복한 숲
등록　　　2004년 2월 10일 제16-3243호
주소　　　서울시 강남구 논현동 98-12 청호불교문화원 나동 306호
전화　　　02-512-5255, 512-5258
팩스　　　02-512-5856
카페　　　cafe.daum.net/vipassanacenter
이메일　　sukha5255@hanmail.net

ⓒ 묘원, 2010

ISBN 978-89-93613-04-9　　03220
값 8,000원

잘못된 책은 바꾸어 드립니다.